Jürgen und Simone Schuh

WhatsApp

Die verständliche Anleitung

Vierfarben

Wir hoffen, dass Sie Freude an diesem Buch haben und sich Ihre Erwartungen erfüllen. Ihre Anregungen und Kommentare sind uns jederzeit willkommen. Bitte bewerten Sie doch das Buch auf unserer Website unter **www.rheinwerk-verlag.de/feedback**.

An diesem Buch haben viele mitgewirkt, insbesondere:

Lektorat Isabella Bleissem
Korrektorat Marita Böhm, München
Herstellung Maxi Beithe
Typografie und Layout Christine Netzker
Einbandgestaltung Nadine Kohl
Coverbilder Vorderseite: iStock: 473179492©Geber86, 612236384©SolStock; WhatsApp Inc; Rückseite: Fotolia: 25002285©Zakharov_Evgeniy, 83238703©contrastwerkstatt; iStock: 612524020©Anna Pustynnikova; Shutterstock: 165644906©SurangaSL
Satz Janina Brönner
Druck Media-Print Informationstechnologie GmbH, Paderborn

Dieses Buch wurde gesetzt aus der ITC Charter (10,5 pt/15 pt) in Adobe InDesign CC.
Gedruckt wurde es auf chlorfrei gebleichtem Offsetpapier (90 g/m²).
Hergestellt in Deutschland.

Bibliografische Information der Deutschen Nationalbibliothek:
Die Deutsche Nationalbibliothek verzeichnet diese Publikation in der Deutschen Nationalbibliografie; detaillierte bibliografische Daten sind im Internet über *http://dnb.d-nb.de* abrufbar.

ISBN 978-3-8421-0435-8

2. Auflage 2018

Vierfarben ist eine Marke des Rheinwerk Verlags. Der Name Vierfarben spielt an auf den Vierfarbdruck, eine Technik zur Erstellung farbiger Bücher. Der Name steht für die Kunst, die Dinge einfach zu machen, um aus dem Einfachen das Ganze lebendig zur Anschauung zu bringen.

Informationen zu unserem Verlag und Kontaktmöglichkeiten finden Sie auf unserer Verlagswebsite **www.rheinwerk-verlag.de**. Dort können Sie sich auch umfassend über unser aktuelles Programm informieren und unsere Bücher und E-Books bestellen.

Liebe Leserin, lieber Leser,

vermutlich haben viele von Ihnen sich gerade erst dazu durchgerungen, dem Drängen von Familie und Bekannten nachzugeben und nun endlich auch ein Teil der großen WhatsApp-Gemeinde zu werden. Ihr Umfeld wird sich herzlich darüber freuen, nun bald auf diese Weise mit Ihnen in einen regen Austausch einzutreten. Aber auch Sie werden WhatsApp sicher bald nicht mehr missen wollen, wenn Sie damit näher Bekanntschaft schließen.

Vertrauen Sie sich dazu unserem erfahrenen Autorenduo an, und lassen Sie sich alles der Reihe nach zeigen – von der Erstellung eines Profils über den ersten Austausch von Nachrichten, das »Aufhübschen« von Fotos und Videos, das Telefonieren mit WhatsApp in Ton und Bild bis zur Organisation der Familienfeier im sog. Gruppenchat. Jürgen Schuh ist aus seinen zahllosen Kursen mit den Fragen und Nöten vor allem auch von Späteinsteigern bestens vertraut. Tatkräftig unterstützt durch seine Frau Simone verrät er Ihnen in diesem Buch alles Wissenswerte auch zum Thema Datensicherheit, zur Vermeidung von Kostenfallen, wie Sie mit unerwünschten Kontakten verfahren können und wie Sie für Ordnung und Überblick in Ihren sich sicher rasch füllenden Chatverläufen sorgen. Wenn Sie dann WhatsApp aus dem Effeff beherrschen, können sich auch die »Profis« sicher noch etwas von Ihnen abschauen.

Dieses Buch wurde mit größter Sorgfalt geschrieben und hergestellt. Sollten Sie dennoch einmal einen Fehler finden oder inhaltliche Anregungen haben, freue ich mich, wenn Sie mit mir in Kontakt treten. Für Kritik bin ich dabei ebenso offen wie für lobende Worte. Doch nun wünsche ich Ihnen erst einmal viel Freude und Erfolg beim »WhatsAppen«!

Ihre Isabella Bleissem
Lektorat Vierfarben

isabella.bleissem@rheinwerk-verlag.de

Inhalt

KAPITEL 1

Bevor es losgehen kann

Sicher sind Sie schon ganz gespannt darauf, zu erfahren, wie Sie WhatsApp für all das einsetzen können, was Ihnen so vorschwebt – Chatten, Telefonieren, Bilder versenden usw. Ist die App bereits auf Ihrem Smartphone installiert, können Sie gleich zu Kapitel 2, »Die Oberfläche und erste Einstellungen«, ab Seite 15 springen. Für alle anderen heißt es, vorab zu prüfen, ob ihr »Handy« auch für WhatsApp geeignet ist. Prinzipiell läuft die App nämlich nicht auf einem klassischen Handy, das nur zum Telefonieren und Versenden von SMS geeignet ist. Auch hinsichtlich der Betriebssystemversion gibt es Einschränkungen.

Voraussetzungen für die Benutzung von WhatsApp

WhatsApp funktioniert auf nahezu allen Smartphones mit den Betriebssystemen Android, iOS (Apple), Microsoft Windows Mobile und einigen wenigen anderen »Exoten«. Ob Ihr Gerät bzw. mobiles Betriebssystem WhatsApp unterstützt, erfahren Sie im Internet: Rufen Sie im Internetbrowser auf dem PC oder Smartphone folgende Seite auf: *https://www.whatsapp.com*.

Klicken Sie oben auf den Menüpunkt **FAQ** (*Frequently Asked Questions* = häufig gestellte Fragen), und geben Sie in das Feld **Gib Suchwörter ein** den Suchbegriff »unterstützte Geräte« ein – schon erhalten Sie die gewünschten Informationen.

Bei der Darstellung der WhatsApp-Seite im mobilen Browser tippen Sie ggf. zunächst auf die Menüschaltfläche und wählen **FAQ** im erscheinenden Navigationsmenü mit einem Fingertipp aus.

WhatsApp behält es sich vor, für ältere Betriebssystemversionen den Support einzustellen. So läuft die App nur noch auf Android-Smartphones ab der Version 2.3.3; auf iPhones muss mindestens iOS 7 installiert sein, während ein Windows Phone wenigstens mit OS 8.1 ausgestattet sein muss (Stand: April 2018).

Wie finde ich überhaupt meine Betriebssystemversion heraus?

- Bei Android-Geräten tippen Sie auf **Einstellungen**. Findet sich ein Menüpunkt **System**, öffnen Sie diesen. Dieser ist jedoch nicht immer vorhanden. Tippen Sie auf **Über das Telefon** oder **Systeminformationen** bzw. einen ähnlichen Eintrag (je nach verwendetem Modell unterschiedlich). Nun bekommen Sie die Android-Version angezeigt. Häufig befinden sich diese Angaben am Ende der Liste mit Einstellungen. Dorthin gelangen Sie mit einem Fingerwisch nach oben.
- Bei iPhones lesen Sie die iOS-Version unter **Einstellungen ▸ Allgemein ▸ Info** ab.
- Bei Windows Phones finden Sie die Version entsprechend unter **Einstellungen ▸ Info ▸ Weitere Informationen** und dort unter dem Punkt **Software**.

Da WhatsApp, von einigen Details abgesehen, bei allen Betriebssystemen im Prinzip gleich funktioniert, stellen wir Ihnen die Nutzung auf einem Android-Gerät vor, über das die Mehrzahl von Ihnen (gemäß Statistik immerhin über 70 %) verfügen dürfte. WhatsApp kann aus den *Stores* (den App-Bezugsquellen) der jeweiligen Betriebssystemanbieter heruntergeladen und installiert werden.

- Hierzu benutzen die Besitzer eines Android-Smartphones die App-Zentrale *Google Play Store*. Voraussetzung ist ein auf dem Smartphone eingerichtetes *Google-Konto*.

Apple ID, Google- und Microsoft-Konto – wozu eigentlich?

Um Apps aus den jeweiligen Stores herunterzuladen und um die volle Funktionalität des Smartphones zu nutzen, muss darauf eine entsprechende ID (Apple) oder ein Benutzerkonto (Google bzw. Microsoft) hinterlegt sein. Diese bestehen jeweils aus der E-Mail-Adresse, die Sie dafür nutzen, und einem Passwort, das Sie selbst vergeben.

- iPhone-Besitzer laden ihr WhatsApp aus dem *App Store* von Apple herunter; hierzu muss das Gerät mit einer *Apple ID* versehen sein.
- Nutzer eines Windows Phone finden ihre WhatsApp-Version im *Microsoft Store*; entsprechend muss sich ein *Microsoft-Konto* auf dem Gerät befinden.

Die Verwendung von WhatsApp ist abhängig von Ihrer Mobilfunknummer, d. h., zum späteren »WhatsAppen« muss sich grundsätzlich diejenige SIM-Karte in Ihrem Smartphone befinden, welche auch bei der Installation bzw. während des sich daran anschließenden Verifizierungsprozesses eingelegt war. Was zu tun ist, wenn Sie mit WhatsApp auf ein neues Smartphone umziehen bzw. eine neue Mobilfunknummer erhalten, erfahren Sie in Kapitel 6, »Wissenswertes und Nützliches rund um WhatsApp«, ab Seite 112.

Ohne Internet kein Senden und Empfangen!

Zum Versenden und Empfangen von Nachrichten muss eine aktive Internetverbindung, sei es über *WLAN* (*WiFi*) oder über einen mobilen Datentarif, bestehen. Falls Sie einen Tarif mit einem eher kleineren Datenvolumen zur Verfügung haben, empfiehlt es sich, eine (kostenfreie) WLAN-Verbindung zu nutzen – insbesondere dann, wenn Sie datenintensive Videos oder eine Vielzahl von Fotos empfangen oder versenden. Für die Installation von WhatsApp empfehlen wir jedoch eine Verbindung ausschließlich über *WLAN*, da es bei der Verwendung der mobilen Daten im Rahmen des Installationsvorgangs zu Problemen kommen könnte.

So installieren Sie WhatsApp auf dem Smartphone

Um WhatsApp auf Ihrem Smartphone mit Android zu installieren, gehen Sie folgendermaßen vor:

1. Öffnen Sie die App-Bezugsquelle Ihres Smartphones, im Fall des Android-Smartphones also den *Google Play Store*, und geben Sie als Suchbegriff »WhatsApp« ein.
2. Tippen Sie im Suchergebnis auf die Schaltfläche **Installieren** ①.

   WhatsApp wird nun heruntergeladen ② und danach ohne Ihr weiteres Zutun auf dem Smartphone installiert.

Das war es auch schon. Wie es weitergeht, lesen Sie im folgenden Abschnitt.

Der erste Start

Nach der erfolgreichen Installation, ob nun aus dem Play Store, App Store oder auch Microsoft Store, finden Sie WhatsApp als *Icon* (Programm-Symbol) in Ihrer App-Übersicht vor. Wir können also gleich loslegen und WhatsApp zum ersten Mal starten.

1. Öffnen Sie WhatsApp mit einem Tipp auf das Icon der App.
2. Beim erstmaligen Öffnen müssen Sie nun noch den Nutzungsbestimmungen von WhatsApp und der Datenschutzrichtlinie zustimmen, um fortfahren zu können. Diese werden, je nach auf Ihrem

Smartphone installierten Betriebssystem, entweder direkt zum Lesen angezeigt, oder Sie gelangen mittels Link dorthin. Eines ist aber bei allen Betriebssystemen gleich: Ohne eine solche Zustimmung funktioniert WhatsApp nicht.

3. Möglicherweise werden Sie nun noch gefragt, ob WhatsApp auf verschiedene Bereiche Ihres Smartphones zugreifen darf, wie beispielsweise auf Fotos, Medien und Dateien auf Ihrem Gerät, sowie auf eine separat eingelegte Speicherkarte (*SD-Karte*) ❶, sollte sich eine solche in Ihrem Smartphone befinden. Um die gesamte Funktionalität von WhatsApp nutzen zu können, empfiehlt es sich, sämtliche dieser Zugriffsrechte mit einem Fingertipp auf **Zulassen** ❷ zu erteilen.

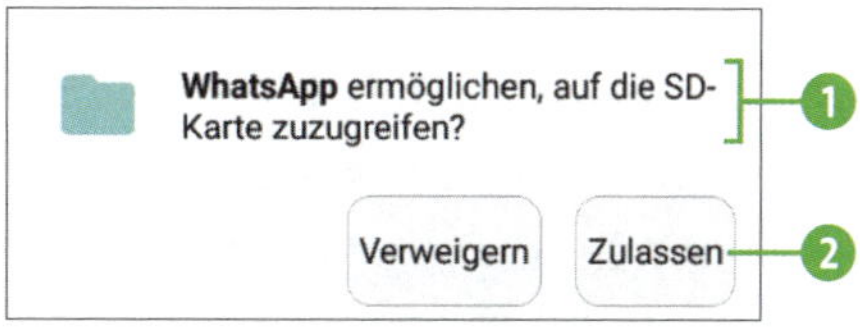

App-Zugriffsrechte bei Android 6 bis 8

Bei Smartphones, auf denen die Android-Versionen 6, 7 oder 8 installiert sind, können Sie die Zugriffsrechte, die Sie für Ihre Apps erteilt haben, jederzeit im Nachhinein wieder rückgängig machen. Dies erledigen Sie für jede installierte App und deren jeweilige Zugriffsberechtigungen einzeln im Menü **Einstellungen** unter der Rubrik **Apps** bzw. **Anwendungen** oder auch **Anwendungsmanager** – je nach verwendetem Smartphone-Modell.

Nun geht es daran, Ihre Telefonnummer zu verifizieren. Dazu gehen Sie folgendermaßen vor:

1. Durch Antippen des Displays erscheint Ihre Eingabetastatur. Geben Sie Ihre Mobilfunknummer inklusive Länderkennung entweder mit oder ohne führende Null ❶ ein (für WhatsApp spielt das keine Rolle). Der Landescode einer deutschen SIM-Karte ist +49. Entsprechend muss der Landescode für außerdeutsche SIM-Karten ausgewählt werden (der Landescode von Österreich lautet beispielweise

+43; die Schweiz hat die +41). Tippen Sie hierzu auf das Auswahldreieck ❷, und wählen Sie aus der angezeigten Liste Ihr Land aus.

2. Nach Eingabe Ihrer mobilen Telefonnummer wird diese nochmals auf dem Display angezeigt, und Sie können eventuelle Korrekturen über die Schaltfläche **BEARBEITEN** ❸ vornehmen. Ist die Nummer korrekt, tippen Sie auf **OK** ❹, und der Verifizierungsprozess startet.

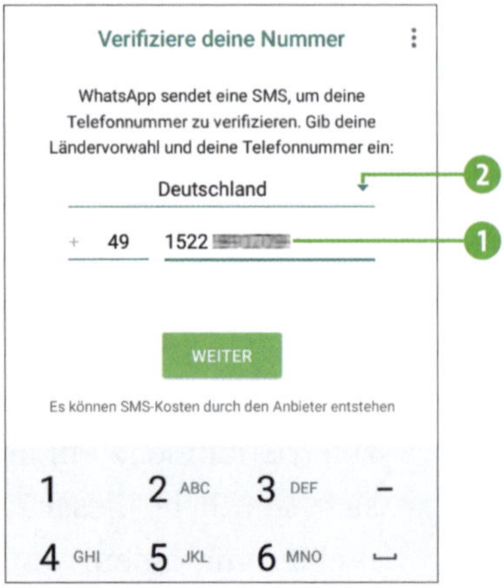

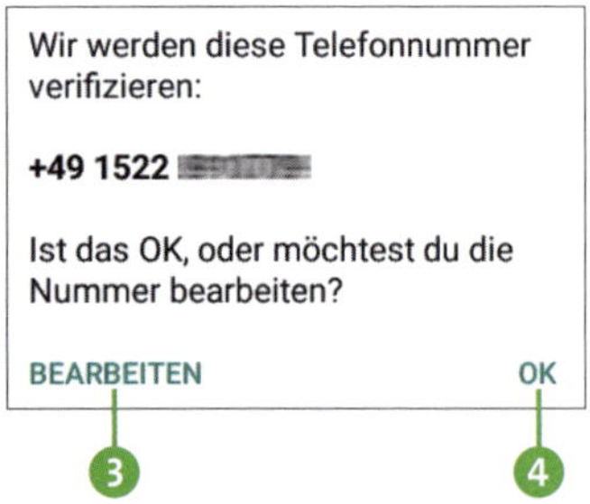

3. Nun erhalten Sie in den meisten Fällen eine »stille« SMS, die durch WhatsApp selbstständig verarbeitet wird. Es kann aber auch vorkommen, dass Sie eine sichtbare SMS erhalten. Notieren Sie den darin enthaltenen 6-stelligen Code, geben Sie ihn in das dafür vorgesehene Feld ein, und bestätigen Sie Ihre Eingabe.

Die Verifizierung klappt nicht?

In seltenen Fällen kann es zu Problemen bei der Verifizierung kommen. Auch hier hilft WhatsApp auf seiner FAQ-Seite weiter. Rufen Sie diese wie auf Seite 7 beschrieben auf, und geben Sie dieses Mal in das Suchfeld den Begriff »verifizieren« ein.

Zu einem Verifizierungsfehler kommt es beispielsweise, wenn Sie sich gerade mit Ihrem Smartphone in einem »Funkloch« befinden und gar keine SMS empfangen können oder wenn Sie während der Verifizierung gerade keine Internetverbindung haben. Natürlich auch, wenn Sie versehentlich eine falsche Telefonnummer eingegeben haben.

Jetzt bin ich dabei

Endlich ist es so weit, die Verifizierung war erfolgreich; und Sie sind sozusagen drin – in WhatsApp. Als Nächstes sehen Sie das Fenster **Profilinfo**.

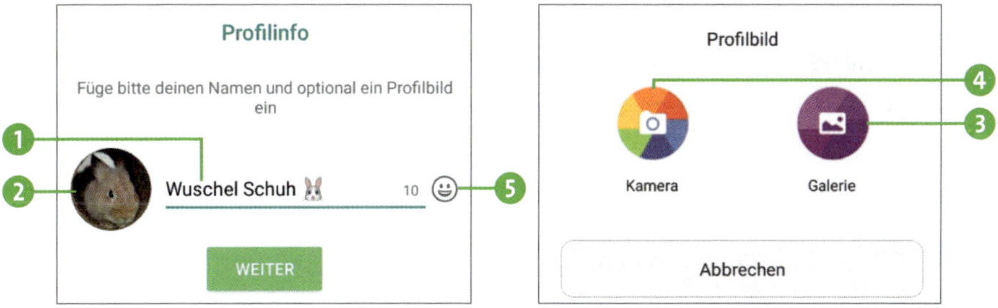

Falls Sie Ihre Profilinfo jetzt noch nicht bzw. noch nicht vollständig ausfüllen möchten, ist das kein Problem – Ergänzungen und Veränderungen sind im Nachhinein noch möglich, wie Sie im Abschnitt »Alles eine Frage der Einstellungen« ab Seite 26 erfahren.

1. Der Name, den Sie hier über die Bildschirmtastatur eingeben ❶, wird Ihren WhatsApp-Partnern (Chatpartnern) in aller Regel auch genauso angezeigt, ebenso das Profilbild ❷, welches Sie hier einfügen können, aber natürlich nicht müssen. (Wählen Sie kein Profilbild, wird stattdessen eine anonyme Silhouette neben Ihrem Namen angezeigt.)

   Interessant zu wissen: Hat Ihr Chatpartner Sie auf seinem Smartphone unter einem davon abweichenden Namen gespeichert, so bekommt er diesen Namen statt des von Ihnen in der Profilinfo vergebenen WhatsApp-Namens angezeigt.

2. Zum Einfügen eines Profilbildes tippen Sie auf den runden Platzhalter ❷ links des Namens (im Beispiel befindet sich hier bereits ein Profilbild).

Nun haben Sie die Wahl: Entweder fügen Sie ein Bild ein, das sich bereits im Speicher Ihres Smartphones befindet (und bei Android-Geräten in der App *Galerie* angezeigt wird). Oder Sie nehmen ein Bild mithilfe Ihrer im Smartphone integrierten Kamera auf.

3. Tippen Sie auf **Galerie** ❸, und wählen Sie unter den angezeigten Bildern das passende aus. Bestätigen Sie mit **OK**.
4. Alternativ: Durch Antippen von **Kamera** ❹ öffnet sich die Kamera-App Ihres Smartphones. Machen Sie ein Foto, und übernehmen Sie es als Profilbild.
5. Zu guter Letzt können Sie Ihr Erscheinungsbild nach außen noch durch sog. *Emojis* bzw. *Emoticons (Smileys)* aufpeppen. Tippen Sie hierzu auf das rechts vom Namenseingabefeld befindliche Symbol ❺ – und schon öffnet sich eine Auswahl von Emoticons, aus welcher Sie sich bedienen können.
6. Wenn Sie Ihre Eingaben im Profilinfo abgeschlossen haben, tippen Sie auf **Weiter**.

Jetzt können Sie so richtig mit WhatsApp loslegen.

Die Sache mit den Bildrechten

Anstelle eines Porträts eignen sich für ein Profilbild grundsätzlich Aufnahmen von Gegenständen, Tieren oder auch Landschaften. Schließlich wird das Profilbild von der gesamten WhatsApp-Gemeinde, mit der Sie kommunizieren, gesehen. Die Aufnahmen sollten Sie in jedem Fall selbst angefertigt haben. Somit besitzen Sie auch die vollen Rechte zur Veröffentlichung – sowohl was die Urheber- als auch was die Persönlichkeitsrechte anbelangt. Letztere kommen bei abgebildeten Gegenständen aber natürlich erst gar nicht zum Tragen.

KAPITEL 2

Die Oberfläche und erste Einstellungen

Fenster und Bedienelemente in WhatsApp

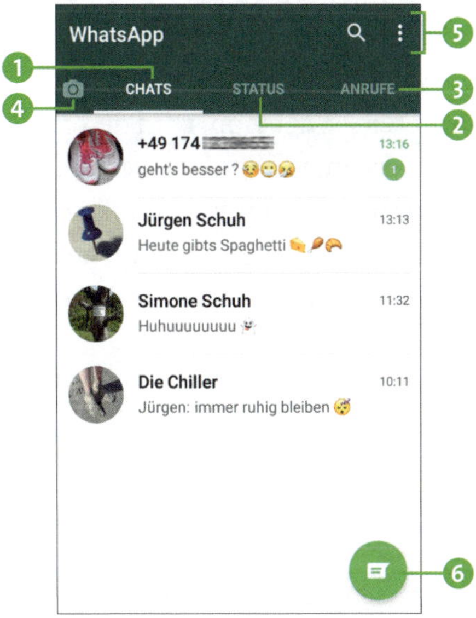

Der Eingangsbildschirm von WhatsApp ist das Chatfenster. Somit ist **CHATS** ❶ bereits aktiv, was Sie an der Hervorhebung erkennen. Das Chatfenster öffnet sich also immer, wenn Sie WhatsApp starten. Beim ersten Start ist **CHATS** natürlich noch leer. Es wird sich erst nach und nach mit Ihren Chats füllen, so wie Sie es im Beispielbild sehen.

Rechts neben dem Fenster **CHATS** befinden sich die Fenster **STATUS** ❷ und **ANRUFE** ❸. Sie gelangen zu diesen Fenstern, indem Sie per Wischgeste über den Bildschirm nach rechts bzw. links wischen. Alternativ tippen Sie kurz auf den jeweiligen Fensternamen. Mit dem Fenster **STATUS** beschäftigen wir uns im Abschnitt »Der Status – so sieht mich die WhatsApp-Welt« ab Seite 19.

Das Fenster **ANRUFE** ist, falls Sie WhatsApp zum ersten Mal benutzen, ebenfalls leer – Sie haben schließlich noch keine Anrufe über WhatsApp getätigt. Wie das funktioniert, erfahren Sie in Kapitel 4, »Telefonieren mit WhatsApp«, ab Seite 65.

Welches Fenster sich hinter dem Kamera-Symbol ganz links (4 auf Seite 15) verbirgt, erfahren Sie im Abschnitt »Bilder, Videos und GIFs versenden« auf Seite 47.

Der horizontale Bereich über den Fensternamen heißt *Aktionsbalken* (5 auf Seite 15). Je nachdem, welches Fenster Sie geöffnet haben, sehen Sie hier unterschiedliche Symbole.

WhatsApp überprüft die in den Kontakten (im Adressbuch) Ihres Smartphones gespeicherten Mobilfunknummern und listet diese automatisch in der sog. *Favoritenliste* auf. Zu der Favoritenliste gelangen Sie, indem Sie auf das Symbol **Neuer Chat** (6 auf Seite 15) tippen. Nutzen Ihre Freunde und Bekannte bereits WhatsApp, wird deren Name hier angezeigt – alphabetisch nach Vornamen geordnet. Jedoch nur, wenn diese mit einer **Mobilfunknummer** in Ihren Kontakten hinterlegt sind. Sind Ihre Freunde und Bekannten lediglich mit einer **Festnetznummer** in Ihrem Adressbuch abgespeichert, werden diese in der Favoritenliste nicht angezeigt. Durch die Favoritenliste können Sie per Fingergeste wischen. Sie legen dann per Schaltfläche 7 fest, welche Kontakte aus Ihrer Favoritenliste zu Ihren Chatkontakten hinzugefügt werden. Wie das genau funktioniert, erklären wir Ihnen im Abschnitt »Die Favoritenliste füllen« ab Seite 17.

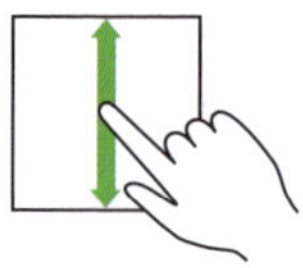

Scrollen

Ist Ihr Smartphone-Bildschirm kleiner als die eigentlich auf dem Bildschirm anzuzeigende Darstellung, so verschieben Sie diese Darstellung auf dem Bildschirm mittels Fingergeste. Das nennt sich *Scrollen* und kennen Sie ggf. schon vom Computer, wo meist mithilfe von Maus und Bildlaufleiste gescrollt wird. Um etwa an das Ende einer längeren Liste mit Kontakten zu gelangen, müssen Sie dorthin scrollen.

Kontakte in Ihrem Adressbuch, die WhatsApp noch nicht benutzen, finden sich nicht in Ihrer Favoritenliste. Diese Kontakte können Sie aber zum Verwenden von WhatsApp einladen. Wie das funktioniert, lesen Sie im folgenden Abschnitt.

Die Favoritenliste füllen

Um Ihre Kontakte zu WhatsApp einzuladen und somit Ihre Favoritenliste zu füllen, gehen Sie folgendermaßen vor:

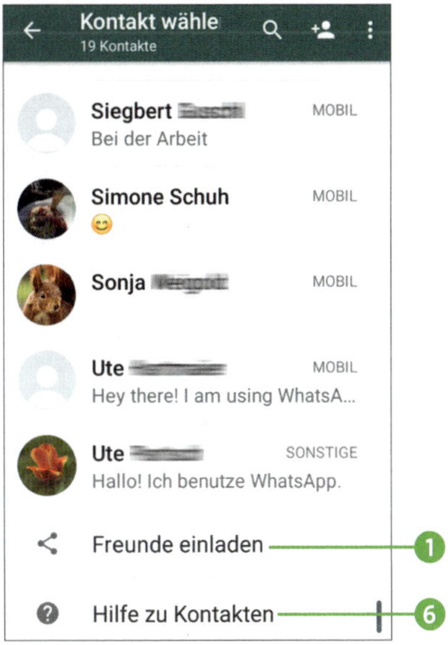

1. Öffnen Sie WhatsApp, und tippen Sie im Fenster **CHATS** auf das Symbol **Neuer Chat** (siehe 6 auf Seite 15).

2. Scrollen Sie an das Listenende, und tippen Sie auf das Symbol **Freunde einladen** 1.

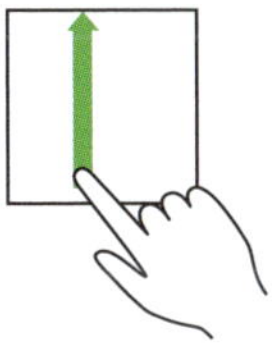

3. Je nach auf Ihrem Gerät installierten Apps haben Sie nun verschiedene Möglichkeiten, um einen Freund einzuladen – z. B. per SMS mithilfe der App **Nachrichten**. Tippen Sie auf das Symbol 2, erscheint ein neuer Bildschirm, in dem Sie den Adressaten 3 aus Ihrem Adressbuch auswählen können.

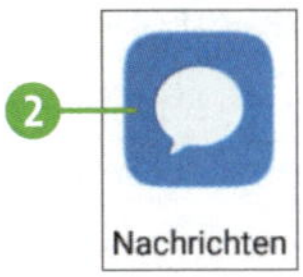

4. Senden Sie diesem den durch WhatsApp vorgefertigten Text 4 mithilfe der Senden-Schaltfläche 5.

Verfahren Sie entsprechend mit allen weiteren Kontakten; schon stehen Ihnen die gewünschten Kontakte in der WhatsApp-Favoritenliste zur Verfügung – vorausgesetzt natürlich, diese nehmen Ihre Einladung auch an.

Am Ende der Liste finden Sie eine **Hilfe zu Kontakten** (6 auf Seite 17). Tippen Sie darauf, und Sie erhalten Tipps, was zu tun ist, wenn einige Ihrer Freunde nicht in der Kontaktliste (im Adressbuch) erscheinen 7.

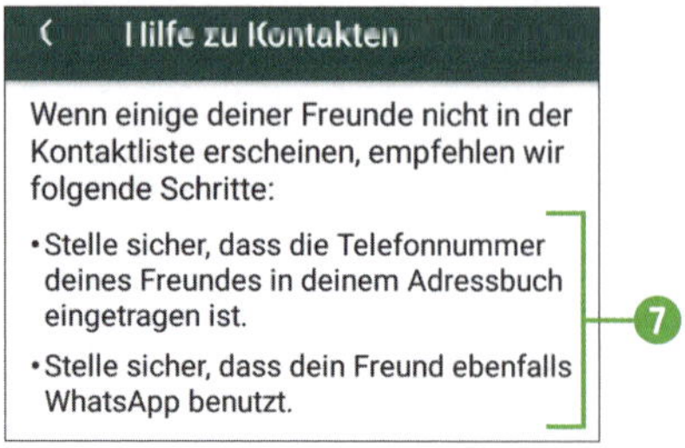

WhatsApp können Sie auch dazu benutzen, einen neuen Kontakt auf Ihrem Smartphone anzulegen.

1. Öffnen Sie das **CHATS**-Fenster, und tippen Sie auf das Symbol **Neuer Chat**, um zur Favoritenliste zu gelangen.
2. Tippen Sie auf das Symbol **Kontakt hinzufügen** 8 im Aktionsbalken. Nun öffnet sich automatisch die *Kontakte*-App Ihres Smartphones.
3. Erstellen Sie den neuen Kontakt in Ihrem Adressbuch auf dem Smartphone.

Wissenswertes zum Speichern von Kontakten

Damit die mühsam auf einem Smartphone erstellten und abgespeicherten Kontaktdaten nicht durch einen irreparablen Defekt des Geräts oder beim Umzug auf ein neues Gerät abhandenkommen, empfiehlt es sich, die Kontakte von vornherein unter dem *Google-Konto* zu speichern (siehe dazu die Anleitung auf der folgenden Seite). Integrieren Sie das Google-Konto auch auf einem weiteren Gerät, werden die Kontakte automatisch synchronisiert, sobald eine Internetverbindung besteht. Dafür benötigen Sie neben dem Kontonamen das Passwort für dieses Konto, das Sie auf dem ersten Gerät eingerichtet haben.

So speichern Sie einen neuen Kontakt unter Ihrem Google-Konto:

1. Öffnen Sie die Kontakte-App Ihres Smartphones, und erstellen Sie einen neuen Kontakt. Voreingestellt ist, dass der neue Kontakt stets im Telefonspeicher (in unserem Beispiel als **Telefon-Kontakt**) hinterlegt wird ❶.

2. Teilen Sie Ihrem Smartphone also mit, dass der neue Kontakt unter Ihrem Google-Konto gespeichert werden soll. Hier im Beispiel tippt man dazu auf die kleine nach unten zeigende Pfeilspitze ❷ und öffnet damit die Auswahl der Speicherorte. (In der Kontakte-App auf Ihrem Smartphone kann das etwas anders aussehen, funktioniert aber vom Prinzip her genauso.)

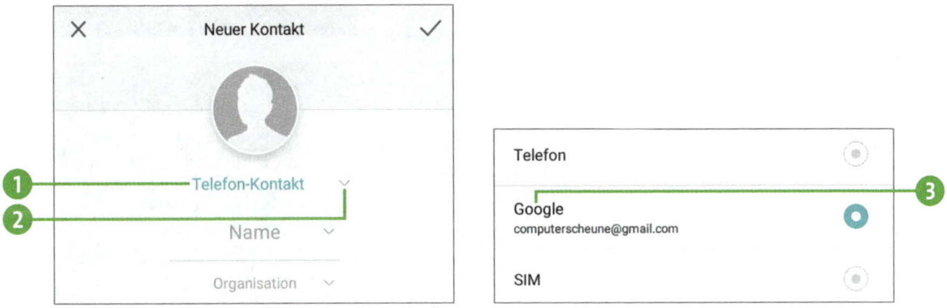

3. Tippen Sie den gewünschten Speicherort, in diesem Fall also das Google-Konto ❸, an. Fortan werden Ihre Kontakte unter dem Google-Konto gespeichert.

Der Status – so sieht mich die WhatsApp-Welt

Mit dem *Status* zeigen Sie Ihren Kontakten an, was Sie gerade tun, in welcher Stimmung Sie sich befinden, was Ihr Motto ist oder was Sie im Moment gerne über sich zum Ausdruck bringen möchten. Hierfür können Sie Texte, Fotos, Videos oder sog. GIFs, also kleine animierte Bildchen, durchaus auch in Kombination, verwenden (mehr dazu im Abschnitt »Bilder, Videos und GIFs versenden« ab Seite 43) und diese zusätzlich gestalten oder auch beschriften. Erstellt und auch angezeigt wird der Status im Fenster **STATUS**.

So erstellen Sie Ihren Status:

1. Öffnen Sie durch Antippen das Fenster **STATUS** (1).
2. Um nun Fotos, Videos oder GIFs zu verwenden, tippen Sie entweder auf **Mein Status** (2) oder auf das Kamera-Symbol (3).
3. Es öffnet sich die *Kamera*-App Ihres Smartphones. Mithilfe des Auslöseknopfes (4) können Sie nun ein Foto oder Video aufnehmen.
4. Alternativ können Sie auch ein auf dem Smartphone gespeichertes Foto, Video oder GIF auswählen. Befinden sich bereits sehr viele solcher Mediendateien auf Ihrem Smartphone, scrollen Sie durch die Liste der auf Ihrem Bildschirm angezeigten Vorschaubilder (5). Handelt es sich bei der angezeigten Datei um ein Video bzw. GIF, so erkennen Sie dies an einem Kamera- bzw. GIF-Symbol GIF in einer Ecke des Vorschaubildes.

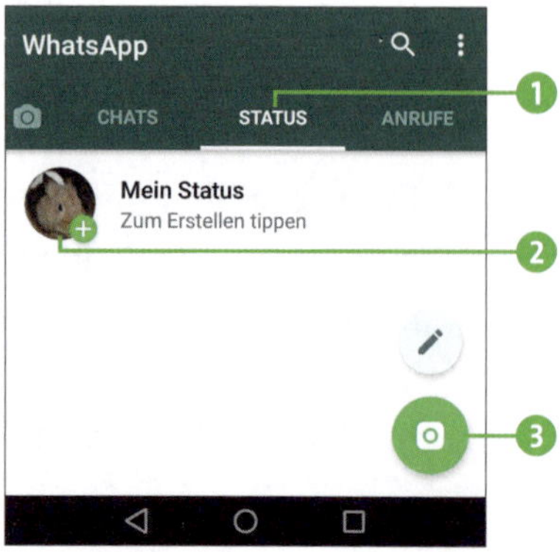

5. Sind sehr viele Fotos und Videos auf Ihrem Smartphone abgespeichert, kann die Suche in den angezeigten Vorschaubildern zuweilen recht mühsam sein, da Sie durch eine lange Liste mit kleinen

Bildchen scrollen müssen. Bequemer und übersichtlicher ist die Suche nach geeigneten Dateien in der *Galerie* Ihres Smartphones. Um direkt von WhatsApp aus dorthin zu gelangen, wischen Sie auf Ihrem Bildschirm, ausgehend von der kleinen Pfeilspitze ❻ oberhalb der Vorschaubilder, nach oben. Wählen Sie hier nun durch Antippen eine oder mehrere Mediendateien aus.

6. Bestätigen Sie Ihre Auswahl durch Antippen von **OK** ❼. In unserem Beispiel sind drei Bilder ausgewählt und somit mit einem weißen Häkchen markiert.

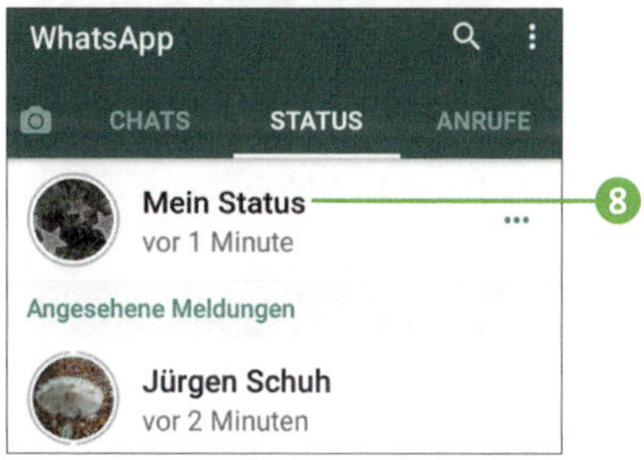

7. Ihre ausgewählte(n) Mediendatei(en) können Sie nun noch etwas aufhübschen. Wie das geht, erfahren Sie im Abschnitt »Bilder, Videos und GIFs versenden« ab Seite 43.

8. Wenn Sie mit Ihrem Ergebnis zufrieden sind, tippen Sie auf den Senden-Button ➤ – Ihr Status ist nun erstellt ❽ und bleibt für 24 Stunden sichtbar.

Haben Sie sich in Schritt 6 doch dagegen entschieden, einen Status per Bild zu erstellen, ist das auch kein Problem. Tippen Sie im Aktionsbalken auf den Zurück-Pfeil ❾, oder benutzen Sie die Zurück-Taste Ihres Smartphones. Das funktioniert auch, wenn Sie bereits Bilder markiert haben. Somit gelangen Sie wieder zum **STATUS**-Ausgangsfenster zurück.

Und so fügen Sie Ihrem Status einen Text hinzu:

1. Tippen Sie, ausgehend vom Fenster **STATUS**, auf das Stift-Symbol ✏ ❶

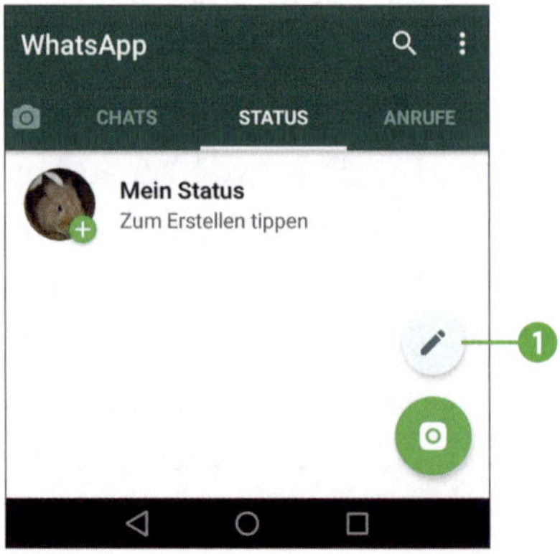

2. Im sich öffnenden Fenster können Sie einen Text über die Tastatur eingeben. Durch Antippen der Schaltfläche zur Textformatierung ❷ lässt sich die Darstellung des Textes ändern, u. a. eine Schreibschrift auswählen (insgesamt stehen fünf Schriftarten zur Verfügung).

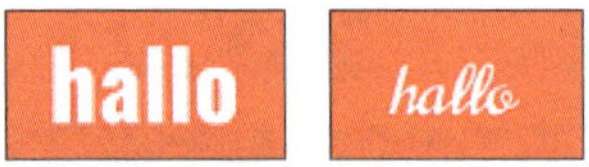

3. Zum Aufhübschen Ihres Textes fügen Sie durch Antippen der Emoji-Schaltfläche ❸ die beliebten Bildchen hinzu.

4. Die Hintergrundfarbe des Textes ändern Sie durch Antippen des Paletten-Symbols ❹.

5. Mit Antippen des Senden-Symbols ➤ ❺ erstellen Sie Ihren Status; dieser erscheint sodann im **STATUS**-Fenster unter **Mein Status** ❻.

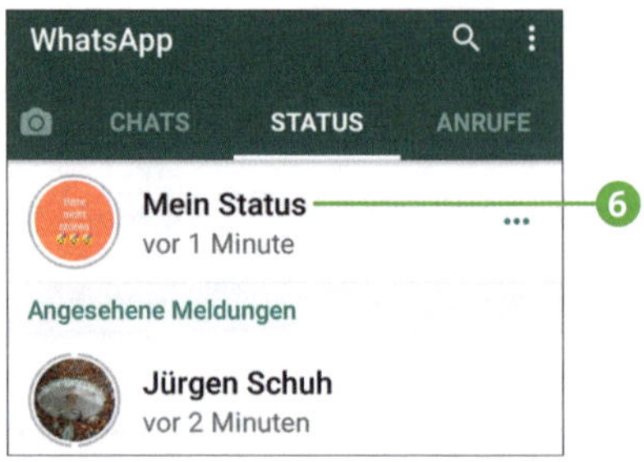

Im Abschnitt »Eine Chatnachricht schreiben, aufpeppen und versenden« ab Seite 31 erhalten Sie weitere Hinweise, wie Sie Ihre Texte formatieren und mit Emojis versehen können.

Unter **Neue Meldungen** bzw. **Angesehene Meldungen** ① (wenn Sie die Meldung bereits aufgerufen haben) werden Ihnen im Fenster **STATUS** diejenigen Chatkontakte angezeigt, die ebenfalls einen Status erstellt haben. Tippen Sie darauf, können Sie sich deren Status näher anschauen. Denn hier treffen Sie, wie bereits erwähnt, ggf. auf eine ganze Reihe von Texten, Bildern, Videos oder GIFs, die Ihr Chatkontakt dort angelegt hat und die im kleinen Vorschaubild nicht angezeigt werden.

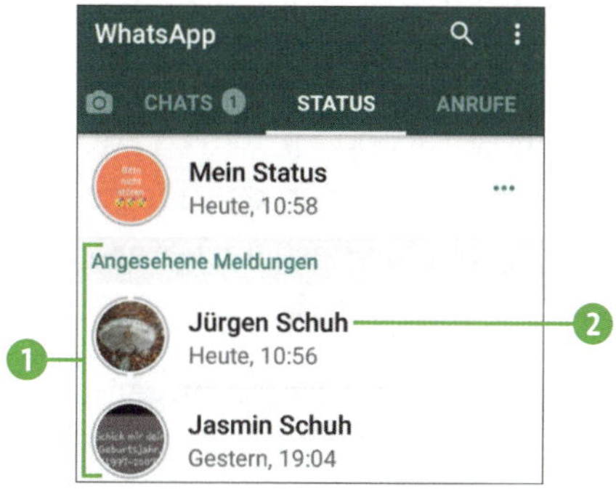

Wenn Sie zu dem Status eines Chatpartners einen Kommentar abgeben wollen, rufen Sie diesen durch Antippen auf ② und wischen, ausgehend von der kleinen Pfeilspitze ③ oberhalb von **ANTWORTEN**, nach oben.

Es erscheint ein Eingabefeld ④, in das Sie über die Bildschirmtastatur Ihren Kommentar eingeben können (Näheres zur Bedienung der Bildschirmtastatur erfahren Sie übrigens im Abschnitt »Grundlagen zur Bedienung der Tastatur« ab Seite 29).

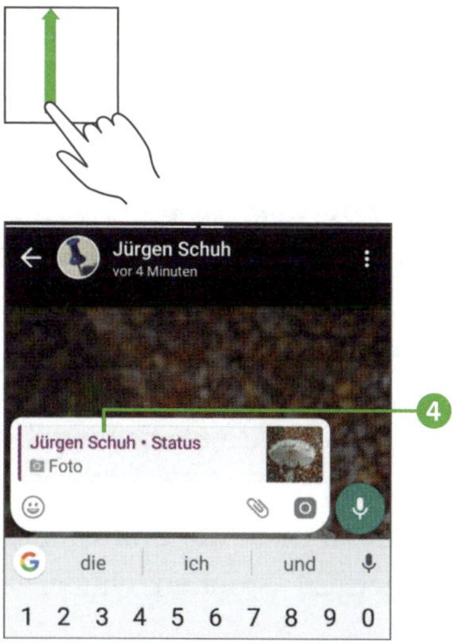

Wenn ein neuer Chatkontakt einen Status erstellt hat, erscheint dieser stets in Ihrem **STATUS**-Fenster ganz oben; die älteren rutschen somit stufenweise nach unten. Soll der Status eines bestimmten Kontakts dort nicht mehr ganz oben in der Liste erscheinen, so schalten Sie dessen Status einfach stumm.

1. Drücken Sie hierzu auf den Status eines Kontakts (halten Sie also den Finger ein wenig auf dem Status, bis ein kleines Fenster erscheint), und tippen Sie hier auf **STUMM** ❶.

   Die Statusmeldungen dieser Person erscheinen nun zukünftig in der Statusliste ganz unten, unter der eigens hierfür von WhatsApp angelegten Kategorie **Stumme Meldungen**.

2. Möchten Sie die Statusmeldungen wieder aktivieren, drücken Sie erneut auf den stummgeschalteten Status und tippen nun auf die Option **STUMM AUS** ❷.

Welche Statusmeldungen werden angezeigt?

Sie können übrigens nur die Statusmeldungen derjenigen Personen sehen, die sich in Ihrer **CHATS**-Liste befinden. Sie müssen also bereits mindestens einmal mit dieser Person über WhatsApp gechattet haben. Mehr dazu erfahren Sie im folgenden Kapitel ab Seite 29.

Ihre und natürlich auch die Statusmeldungen Ihrer Chatpartner verschwinden nach 24 Stunden wieder automatisch. Ein dauerhaftes

Speichern ist nicht möglich. Vor Ablauf der Frist ist aber das manuelle Löschen des eigenen Status möglich:

1. Öffnen Sie das **STATUS**-Fenster.
2. Tippen Sie auf die drei waagerechten Punkte ••• rechts neben Ihrem Status 1.
3. Markieren Sie Ihren Status durch Drücken 2.

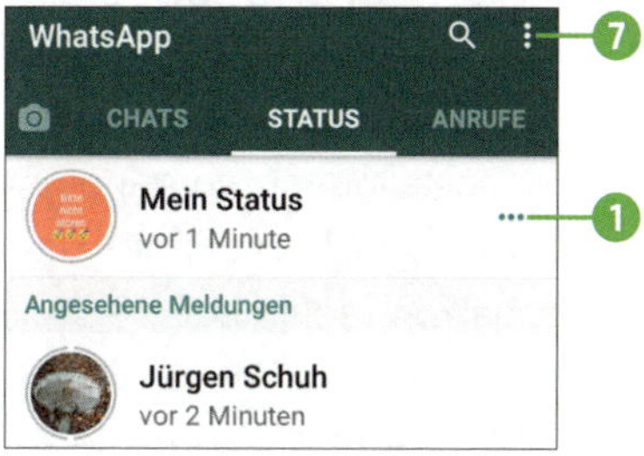

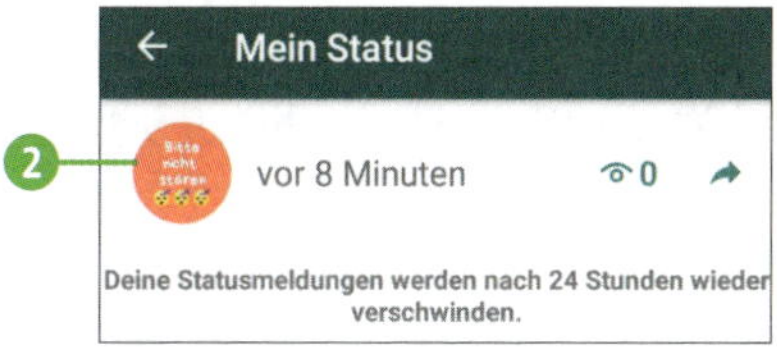

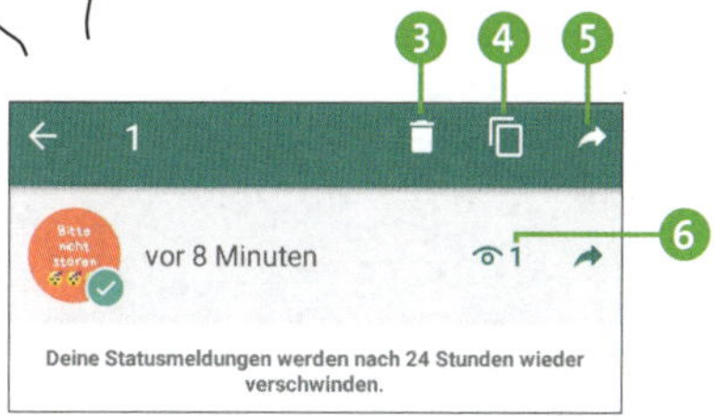

4. Tippen Sie auf das im Aktionsbalken erscheinende Mülleimer-Symbol 3, und bestätigen Sie mit **LÖSCHEN**.

Zu den hier ebenfalls erscheinenden Symbolen für **Kopieren** 4 und **Weiterleiten** 5 erfahren Sie mehr im Abschnitt »Antworten erhalten, weiterleiten, kopieren und löschen« ab Seite 38. An der Ziffer neben Ihrem Status 1 6 können Sie erkennen, wie viele Ihrer Chatkontakte bereits Ihren Status angeschaut haben. Tippen Sie darauf, bekommen Sie den Namen des- oder derjenigen angezeigt.

Schließlich können Sie auch bestimmen, welcher Ihrer Kontakte Ihren Status sehen darf. Tippen Sie hierzu im **STATUS**-Fenster oben rechts auf das Menü 7, und wählen Sie **Status-Datenschutz**. Treffen Sie nun Ihre Auswahl durch Antippen der entsprechenden Kontakte.

Alles eine Frage der Einstellungen

Das Menü

Wie nahezu jede App weist auch WhatsApp ein *Menü* auf, in welchem Einstellungen vorgenommen bzw. geändert und Informationen abgefragt werden können. Zum Öffnen dieses Menüs tippen Sie im Aktionsbalken rechts auf die drei übereinander angeordneten Punkte ⋮. Das aufgerufene Menü ist *kontextbezogen*, d. h., je nachdem, in welchem WhatsApp-Fenster Sie sich gerade befinden, bietet Ihnen das Menü unterschiedliche Einstellungsmöglichkeiten sowie Informationen.

Weist WhatsApp auf Ihrem Smartphone das Menü-Symbol nicht auf, ziehen Sie die FAQ-Seite von WhatsApp im Internet zurate: *https://www.whatsapp.com/faq*.

Öffnen Sie im **CHATS**-Fenster **Menü ▸ Einstellungen**. Viele der Einstellungsmöglichkeiten hier sind selbsterklärend, viele spielen erst im Verlauf dieses Buches, im jeweiligen praktischen Zusammenhang, eine Rolle. Wenn Sie schon jetzt neugierig darauf geworden sind, was sich alles in dem Menü **Einstellungen** verbirgt, können Sie mit uns im Folgenden einen Blick in einige der Untermenüs werfen:

- Tippen Sie auf Ihren Namen, können Sie im sich daraufhin öffnenden Fenster Ihre **Profileinstellungen**, so wie im Abschnitt »Jetzt bin ich dabei« ab Seite 13 beschrieben, vornehmen bzw. ändern.
- Unter Ihrem Namen können Sie auch gleich Ihre **Mobiltelefonnummer** ablesen, sollten Sie diese benötigen und wie die meisten von uns nicht auswendig kennen.
- Tippen Sie auf **Account ▸ Datenschutz**. Hier stellen Sie ein, welche Informationen Sie über sich nach außen hin preisgeben. Unter **Zuletzt online** ❶ legen Sie fest, wer sehen darf, ob Sie WhatsApp gerade benutzen (ob Sie also *online* sind) oder wann Sie WhatsApp zuletzt benutzt haben. Das nennt sich *Zuletzt-online-Zeitstempel*. Hinweis: Entscheiden Sie sich für **Niemand**, bekommen Sie auch

die entsprechenden Zeitstempel Ihrer Chatpartner nicht angezeigt.

- Ebenso können Sie im **Datenschutz**-Untermenü unter **Profilbild** 2 und **Status** 3 festlegen, wer Ihr Profilbild bzw. Ihren Status sehen darf.
- Ebenfalls unter **Datenschutz** blockieren Sie auch Kontakte, von denen Sie keine WhatsApp-Nachricht mehr erhalten möchten 4. Blockierte Kontakte können Ihnen weder Nachrichten (Chats) schicken noch Sie über WhatsApp anrufen. Haben Sie einen Kontakt blockiert, lässt sich das unter diesem Menüpunkt auch wieder rückgängig machen.
- **Lesebestätigungen** 5 lassen sich durch Setzen bzw. Entfernen des Häkchens per Fingertipp aus- und wieder einschalten. Mehr zu den Lesebestätigungen erfahren Sie im Abschnitt »Eine Chatnachricht schreiben, aufpeppen und versenden« auf Seite 32.

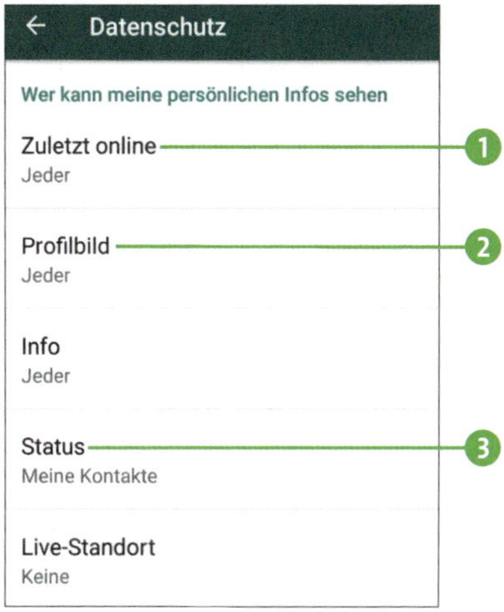

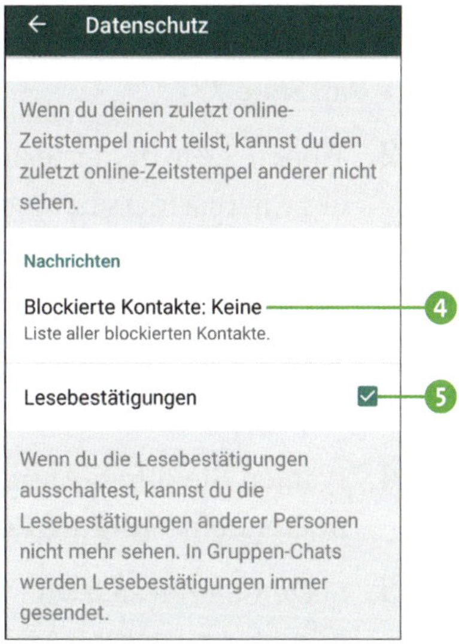

Tippen Sie auf **Einstellungen ▸ Benachrichtigungen**, können Sie einstellen, wie Sie bei Einzelchats (**Benachrichtigungen**), Gruppenchats (**Gruppenbenachrichtigungen**) sowie Anrufen (**Anrufbenachrichtigungen**) benachrichtigt werden wollen.

Da die Einstellungsliste länger ist als Ihr Display, scrollen Sie, um weiter nach unten zu gelangen.

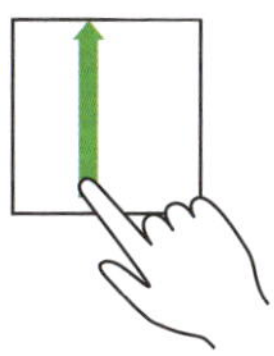

Individuell lassen sich festlegen:

- der Benachrichtigungston und die Vibrationsdauer
- ob Pop-up-Benachrichtigungen in der Mitte des Bildschirms angezeigt werden sollen, auf die Sie hier direkt antworten können
- die Farbe des LED-Benachrichtigungslichts

Einem bestimmten Chatpartner oder einer bestimmten Chatgruppe können Sie auch individuelle Benachrichtigungen zuweisen.

1. Öffnen Sie das Fenster **CHATS** mit allen Ihren Einzel- sowie Gruppenchats (was das genau ist, erfahren Sie in Kapitel 5, »Alles zu Gruppenchats und Broadcasts«, ab Seite 77).
2. Tippen Sie in der Liste auf das Bild des Chatpartners bzw. der Gruppe oder (sofern keines vorhanden ist) auf den Platzhalter.
3. Tippen Sie im dann sichtbaren Fenster auf das Info-Symbol ⓘ.
4. Wählen Sie durch Antippen **Eigene Benachrichtigungen** ①.
5. Setzen Sie im sich nun öffnenden Bildschirm durch Antippen ein Häkchen in das Kästchen rechts oben ②. Nun können Sie diesem Chat individuelle Benachrichtigungen zuweisen.

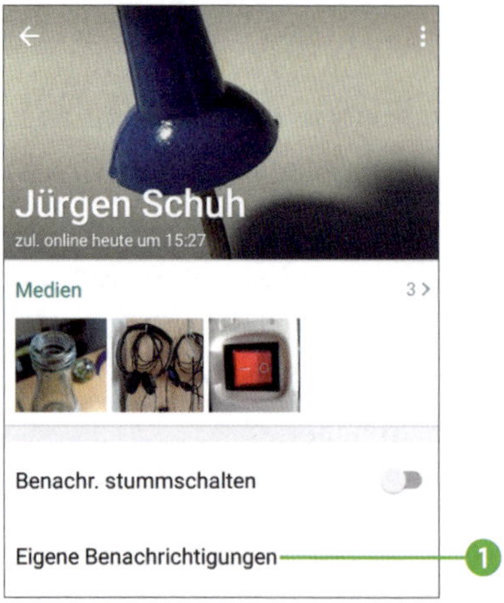

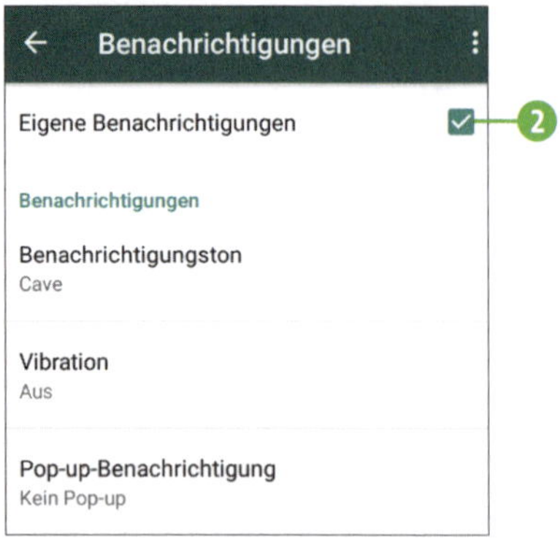

Weitere Möglichkeiten, in WhatsApp nützliche Einstellungen vorzunehmen, lernen Sie hier, wie gesagt, noch nach und nach kennen.

KAPITEL 3

Los geht's: Chatten mit Text, Sprache, Bildern

In diesem Kapitel geht es um das Chatten mit einer Person, also um einen Einzelchat mit einem Chatpartner. Die beschriebenen Möglichkeiten können aber genauso für einen Chat mit Gruppen angewendet werden. Mehr zu den Gruppen erfahren Sie in Kapitel 5, »Alles zu Gruppenchats und Broadcasts«, ab Seite 77.

Um einen Chat mit einer anderen Person zu beginnen, müssen neben einer aktiven Internetverbindung folgende Voraussetzungen gegeben sein:

1. Der Kontakt nutzt bereits ebenfalls WhatsApp.
2. Die mobile Telefonnummer Ihres potenziellen Chatpartners muss in der *Kontakte*-App (dem Adressbuch) Ihres Smartphones gespeichert sein, sodass sie auch in Ihrer Favoritenliste sichtbar ist.

Was bedeutet eigentlich Chatten?

Chatten kommt aus dem Englischen und bedeutet so viel wie *plaudern, sich unterhalten*. In WhatsApp bedeutet Chatten den Austausch von Text, Bildern, Videos und anderen Informationen in Echtzeit.

Grundlagen zur Bedienung der Tastatur

Unabhängig davon, ob Sie ein Android-Smartphone, Windows Phone oder iPhone benutzen – zum Chatten ist die Tastatur Ihres Gerätes Dreh- und Angelpunkt. Diese sieht auf den verschiedenen Geräten allerdings unterschiedlich aus. Dennoch sind viele Grundelemente gleich.

Die Tastatur wird immer dann auf dem Bildschirm eingeblendet, wenn Sie in das Eingabefeld ❶ tippen. Bereits nach der Eingabe weniger Buchstaben erhalten Sie Wortvorschläge ❷, die Sie wiederum durch Antippen übernehmen können. Möchten Sie ein Wort mit einem Großbuchstaben beginnen, tippen Sie auf die Hochtaste ❸.

Mit der Taste **?123** im abgebildeten Beispiel ❹ wechseln Sie zu weiteren Bildschirmen Ihrer Tastatur, die Zahlen bzw. Sonderzeichen enthalten. Auch diese Taste kann auf Ihrem Smartphone anders aussehen. Zum Eingeben von Umlauten, z. B. ä, drücken Sie auf den Buchstaben a. Sie bekommen nun eine Auswahl darüber angezeigt. Ziehen Sie Ihren Finger auf den gewünschten Buchstaben ❺, so wird er in das Eingabefeld übernommen.

Info: Tippen und Drücken

Tippen bzw. *Antippen* und *Drücken* sind Begriffe, die Sie in diesem Buch noch öfters lesen werden. Mit *Tippen Sie, Öffnen Sie* oder *Wählen Sie* ist das kurze Berühren z. B. eines Buchstabens der Tastatur oder eines Menüs gemeint. Mit *Drücken Sie* oder auch *Halten Sie gedrückt* werden Sie dazu aufgefordert, eine bestimmte Stelle auf Ihrem Display länger (ca. eine Sekunde) mit dem Finger zu berühren. Je nachdem, ob Sie *tippen* oder *drücken,* »passieren« auf dem berührungssensitiven Smartphone-Bildschirm (*Touchscreen*) unterschiedliche Dinge. So ist es Ihnen z. B. möglich, durch vorheriges Drücken mehrere Elemente zu markieren. Lesen Sie dazu alles im Kasten »Elemente markieren und Markierung aufheben« auf Seite 37.

Eine Chatnachricht schreiben, aufpeppen und versenden

Endlich kommt der Augenblick, auf den Sie bestimmt schon lange gewartet haben – Ihr erster Chat.

1. Öffnen Sie WhatsApp durch Antippen des WhatsApp-Symbols auf Ihrem Bildschirm. Falls Sie noch keinen Chat geführt haben, öffnet sich das **CHATS**-Fenster mit einem Hinweis 1.

2. Tippen Sie zum Öffnen Ihrer WhatsApp-Kontakte auf das Symbol **Neuer Chat** 2. Es erscheint das Fenster **Kontakt wählen**.

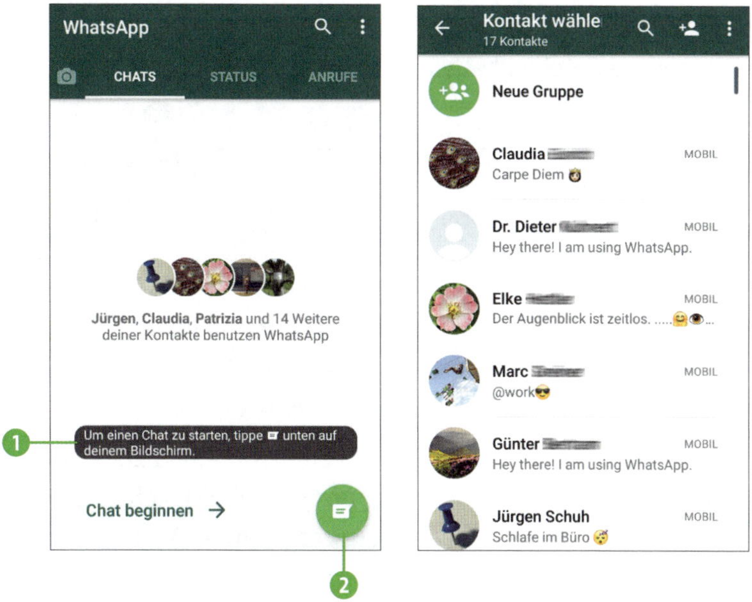

3. Mit einem Wischen des Fingers von unten nach oben (und umgekehrt) *scrollen* Sie durch die Liste. Wählen Sie nun den gewünschten Kontakt mit einem Fingertipp aus. (Mehr zum Thema lesen Sie im Kasten »Scrollen« auf Seite 16.)

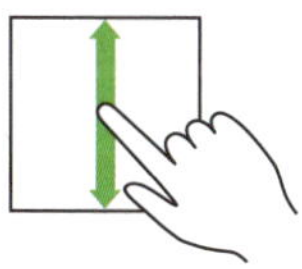

4. Es öffnet sich ein neuer Bildschirm. Im oberen Bereich sehen Sie den Namen Ihres Chatpartners 1 und ob er gerade online ist bzw. wann er zuletzt online war 2.
5. Gleichzeitig öffnet sich die Bildschirmtastatur 3, und Sie können mit der Eingabe Ihrer Nachricht im entsprechenden Feld 4 loslegen.
6. Anschließend tippen Sie auf die Senden-Schaltfläche ➤ 5. Diese wird sichtbar, sobald Sie den ersten Buchstaben eingegeben haben.

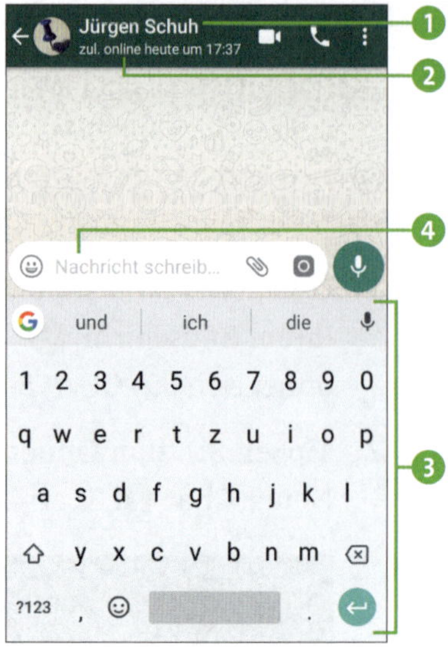

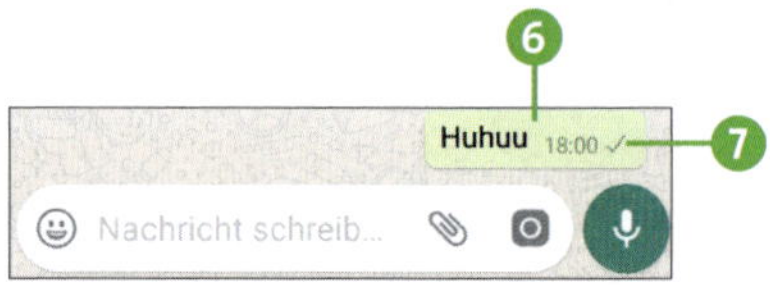

Der erste Chat ist gesendet – Gratulation. Das haben Sie sich auch nach den ersten Theorieeinheiten redlich verdient. Den Chat, den Sie gerade eben gesendet haben, finden Sie nun grün hinterlegt und mit der Sendezeit versehen direkt über dem Eingabefeld 6.

Hinter Ihrer Chatnachricht sehen Sie nun zunächst ein kleines graues Häkchen 7. Das ändert sich aber noch. Das bzw. die Häkchen, die Sie hier anschließend zu Gesicht bekommen, geben Ihnen Auskunft darüber, was mit Ihrer Nachricht geschehen ist:

- ✓ Die Nachricht wurde erfolgreich gesendet.
- ✓✓ Die Nachricht wurde erfolgreich auf das Telefon des Empfängers zugestellt.
- ✓✓ Die Nachricht wurde beim Empfänger in WhatsApp angezeigt.

Und immer, wenn Sie einen Chat verschickt (und natürlich auch, wenn Sie einen erhalten) haben, wird dieser im Fenster **CHATS** angezeigt. Der neueste steht immer ganz oben 8.

Die zweite Nachricht peppen wir jetzt auf – und zwar mit Emojis.

Emojis

Ein *Emoji* (japanisch für Bildschriftzeichen) ist ein sog. *Ideogramm*, das verwendet wird, um Emotionen, aber auch allgemeine Zustände und Tätigkeiten darzustellen und auszudrücken. Auf gut Deutsch: Wenn Sie traurig sind und dies in einem Chat jemand anderem mitteilen, werden Sie Ihrem Text kaum ein lachendes Emoji 😀 hinzufügen, sondern eher ein trauriges 😥. Ein Emoji kann auch Text ersetzen. Möchte man seinem Chatpartner gegenüber zum Ausdruck bringen, dass man mit seinem Vorschlag einverstanden ist oder dass man etwas toll findet, steht dafür z. B. das Daumen-hoch-Emoji zur Verfügung 👍. Das spart viel Text, und jeder weiß, was gemeint ist. Für nahezu alle Arten von Chats stehen Emojis zur Verfügung, etwa auch für Glückwünsche 🎂 oder auch Anlässe zum Feiern 🥂.

So gestalten Sie Ihren Text mit Emojis.

1. Im linken Bereich des Eingabefeldes sehen Sie das Emoji-Symbol 1.
2. Tippen Sie dieses an, stehen Ihnen Emojis in verschiedenen Kategorien 2 zur Verfügung. Diese Kategorien öffnen Sie wiederum durch Antippen.

3. Möchten Sie nur Emojis versenden, wählen Sie diese jeweils mit einem Fingertipp aus und tippen anschließend auf die Senden-Schaltfläche 3.

4. Natürlich können Sie während der Eingabe Text und Emojis kombinieren. Tippen Sie während der Texteingabe auf das Emoji-Symbol (siehe ❶ auf Seite 33), erscheinen die Emojis. Möchten Sie, nachdem Sie Emojis eingefügt haben, wieder zur Texteingabe zurückkehren, tippen Sie entweder direkt in das Eingabefeld oder auf das kleine Tastatur-Symbol (❹ auf Seite 33) links.

Die von Ihnen zuletzt versandten Emojis finden Sie, wenn Sie auf das Uhr-Symbol (❺ auf Seite 33) tippen. Das ist praktisch, wenn Sie öfter dieselben Emojis verwenden und nicht danach suchen möchten.

Und nun bekommt Ihr Text noch den letzten Schliff, indem Sie ihn formatieren. Denn auch das ist in WhatsApp möglich.

Einzelne oder mehrere Wörter können kursiv, fett oder in einer Schreibmaschinen-Schriftart (*Monospace*) geschrieben werden. Durchstreichen ist ebenfalls möglich, und alle Optionen sind auch kombinierbar.

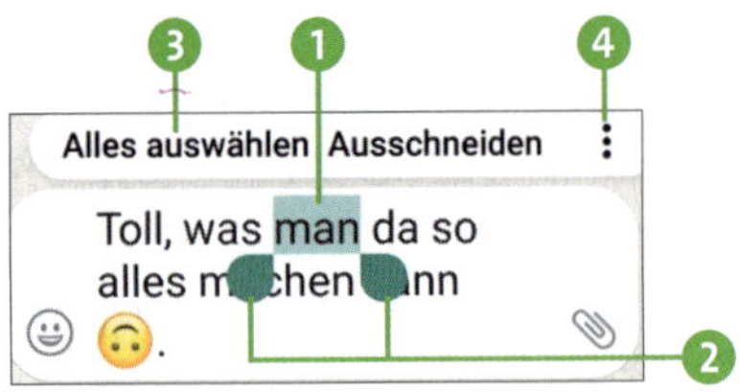

1. Halten Sie den Finger auf einem Wort im Textfeld gedrückt, wird es markiert ❶ und erhält zwei tropfenförmige Symbole am Anfang und Ende der Markierung ❷.
2. Nun können Sie die Markierung ggf. noch auf weitere Textpassagen ausdehnen. Ziehen Sie dazu die Markierungssymbole ❷ nach links bzw. rechts, bis die gewünschten Wörter ebenfalls markiert sind. Möchten Sie den kompletten Text in diesem Textfeld markieren, tippen Sie im erscheinenden Dialogfeld auf **Alles auswählen** ❸.
3. Tippen Sie auf die drei Punkte ❹, öffnet sich ein weiterer Dialog. Wählen Sie hier die gewünschte Formatierung aus ❺. Anschließend gelangen Sie wieder automatisch zum Eingabefeld.

4. Möchten Sie ein Wort oder eine Passage mit mehreren Optionen formatieren (z. B. fett und durchgestrichen), beginnen Sie wieder bei Schritt 1.

Der Sprachassistent – warum immer tippen, wenn's auch einfacher geht?

WhatsApp (genauer genommen das Betriebssystem Ihres Smartphones) bietet Ihnen die Möglichkeit der Texteingabe per Sprache. Dies nennt sich *Spracheingabe*. Möglich macht das der Sprachassistent, der das gesprochene Wort in geschriebenen Text umwandelt. Den Sprachassistenten können Sie natürlich nicht nur bei WhatsApp verwenden, sondern überall dort, wo Sie mittels Ihrer Tastatur Text eingeben möchten, z. B. auch beim Schreiben von SMS oder bei der Suche im Internet.

Eigenen Erfahrungen nach arbeitet die Spracherkennung exakter, wenn das Smartphone während der Verwendung des Sprachassistenten mit dem Internet verbunden ist. Aber da Sie ja einen WhatsApp-Chat versenden wollen, ist das ohnehin der Fall.

Im Folgenden erklären wir die Verwendung des Sprachassistenten mit einem Android-Smartphone und der Tastatur *Gboard* von Google:

1. Tippen Sie auf das Eingabefeld – Ihre Tastatur öffnet sich.
2. Tippen Sie auf das Mikrofon-Symbol Ihrer Tastatur. Je nach verwendetem Modell ist das Symbol nicht immer auf Anhieb zu finden – erkunden Sie hierzu Ihre Gerätetastatur.
3. Der Sprachassistent wird aktiv. Das zuvor grau hinterlegte Mikrofon ist nun grün 1 hinterlegt, und Sie werden mittels eines Tons und der Displayanzeige **Jetzt sprechen** 2 zur Spracheingabe aufgefordert.

4. Sprechen Sie langsam und deutlich. Nach und nach erkennt der Sprachassistent Ihr gesprochenes Wort und setzt dieses in Text um. Den Text können Sie nun im Eingabefeld (3 auf Seite 35) lesen.

   Auch das Setzen von Satzzeichen wie Punkt, Komma oder Fragezeichen ist mittels Spracheingabe möglich. Sprechen Sie bitte die Wörter für diese Satzzeichen recht zügig hinter dem zuletzt gesprochenen Wort aus. So stellen Sie sicher, dass auch tatsächlich das Satzzeichen gesetzt und nicht als Wort ausgeschrieben wird.

5. Ihr angezeigter Text lässt sich vor dem Versenden noch manuell korrigieren, formatieren und selbstverständlich auch mit Emojis versehen. Dazu tippen Sie auf die entsprechende Textstelle im Eingabefeld und nehmen die Korrekturen über die sich öffnende Tastatur vor. Textformatierungen und -korrekturen sind während der Spracheingabe nämlich nicht möglich.

6. Wenn Sie mit Sprechen aufhören, schaltet sich der Sprachassistent nach ca. drei bis fünf Sekunden mit einem akustischen Signal ab.

7. Sind Sie fertig, schließen Sie die Tastatur durch Antippen der Schaltfläche ▽ und versenden Ihren Chat durch Antippen der Senden-Schaltfläche ➤.

Antworten erhalten, weiterleiten, kopieren und löschen

Nachdem Sie nun nach und nach die ersten Chats an Ihre Kontakte gesendet haben, werden die Antworten nicht lange auf sich warten lassen und füllt sich das Fenster **CHATS** allmählich sowohl mit den gesendeten als auch empfangenen Chats.

Wenn Sie wie im Abschnitt »Alles eine Frage der Einstellungen« auf Seite 28 gezeigt nichts anderes eingestellt haben, werden Sie von Ihrem Smartphone durch ein akustisches Signal und eine Anzeige auf dem Display darüber informiert, dass neue Chats eingetroffen sind.

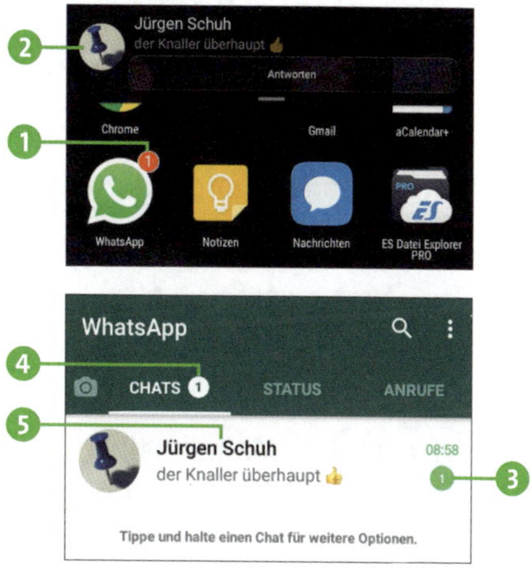

So finden Sie zum einen am WhatsApp-Symbol (1) eine entsprechende Ziffer, zum anderen wird das Eintreffen einer Nachricht für ca. fünf Sekunden am oberen Bildschirmrand (2) angezeigt.

1. Tippen Sie zum Öffnen des Chats entweder auf das WhatsApp-Symbol (1) oder auf die Benachrichtigung am oberen Bildschirmrand (2). Im nun geöffneten **CHATS**-Fenster sehen Sie gleich oben, wer Ihnen einen oder mehrere neue Chats zugesandt hat (3). Am Menüpunkt **CHATS** selbst wird zudem die Anzahl (4) der erhaltenen Chats angezeigt.
2. Um dem Chatpartner zu antworten, tippen Sie auf den Chat bzw. den Kontaktnamen (5).
3. Der Chat mit diesem Kontakt öffnet sich. Hier tippen Sie genauso wie beim Verfassen Ihres ersten eigenen Chats unterhalb der Nachricht in das Eingabefeld, geben dort Ihren Text über die Tastatur oder auch mithilfe des Sprachassistenten ein, peppen Ihre Nachricht ggf. mit Emojis auf und versenden sie schließlich.

Elemente markieren und Markierung aufheben

Diese Funktion wird Ihnen in WhatsApp noch öfters begegnen. Möchten Sie **ein** Element (einen Text, ein Bild, Dokument, einen Chatkontakt etc.) markieren, drücken Sie etwas länger darauf. Es wird blau hinterlegt. Möchten Sie **mehrere** Elemente markieren, drücken Sie länger auf das erste zu markierende Element und markieren alle weiteren Elemente jeweils durch kurzes Antippen. Markierungen heben Sie wieder auf, indem Sie das entsprechende Element nochmals kurz antippen.

Den Chat eines bestimmten Absenders können Sie aber nicht nur wie soeben beschrieben beantworten, Sie können ihn auch an einen anderen oder auch an mehrere Ihrer WhatsApp-Kontakte weiterleiten.

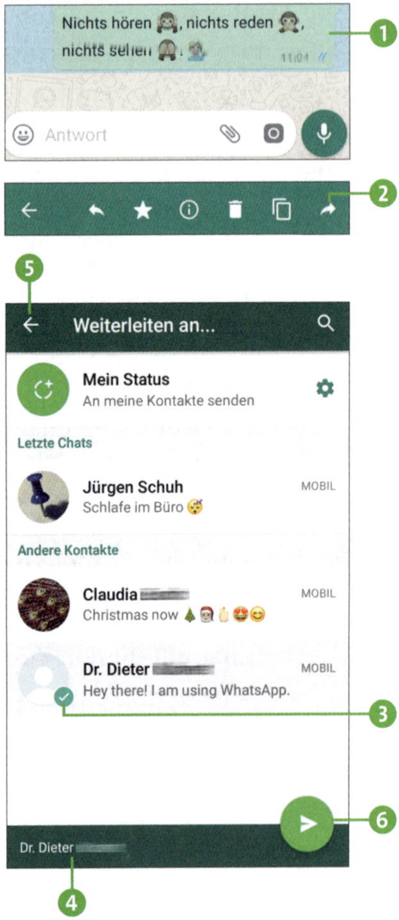

Dazu gehen Sie folgendermaßen vor:

1. Markieren Sie eine oder auch mehrere Textnachrichten innerhalb eines Chats ❶. Mit dem Markieren der ersten Nachricht tritt der Aktionsbalken am oberen Bildschirmrand in Erscheinung.
2. Tippen Sie hier auf das Weiterleiten-Symbol ❷.
3. Es öffnet sich der Bildschirm **Weiterleiten an...** Ihre WhatsApp-Kontakte werden hier unter **Häufig kontaktiert**, **Letzte Chats** und **Andere Kontakte** angezeigt.
4. Tippen Sie auf die WhatsApp-Kontakte, denen Sie eine oder mehrere Chatnachrichten weiterleiten wollen. Die auf diese Weise markierten Namen erhalten ein Häkchen ❸, und der ausgewählte Kontakt wird zusätzlich am unteren Bildschirmrand angezeigt ❹. Durch nochmaliges Antippen des Kontaktnamens heben Sie die Markierung wieder auf.
5. Möchten Sie die Nachricht doch nicht weiterleiten, können Sie den Vorgang durch Antippen des Pfeil-Symbols oben links ❺ oder mithilfe der Zurück-Taste Ihres Smartphones abbrechen.

6. Um die Nachricht an den ausgewählten Kontakt weiterzuleiten, tippen Sie auf das Senden-Symbol (6 auf Seite 38). Damit kehren Sie automatisch zum ursprünglichen Chat zurück.

Der Aktionsbalken, den Sie soeben kennengelernt haben, bietet Ihnen außer der Weiterleitung von Chats noch weitere Möglichkeiten:

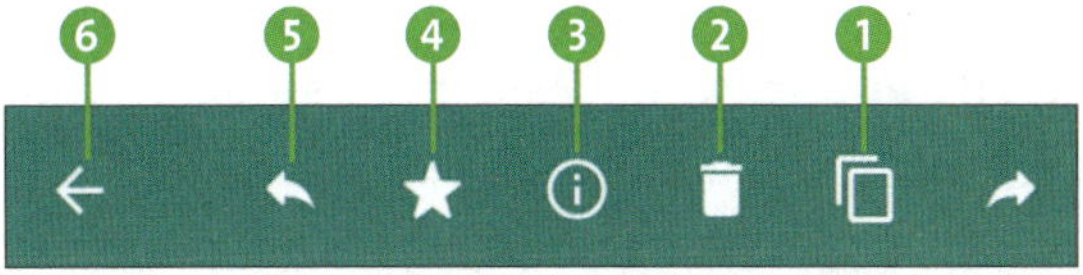

1 Dient dem Kopieren eines zuvor markierten Textes (er landet im Zwischenspeicher des Smartphones). Um den kopierten Text nun z. B. in eine SMS oder eine E-Mail einzufügen, drücken Sie dort so lange auf das Eingabefeld (ca. ein bis zwei Sekunden), bis das Symbol **Einfügen** erscheint. Tippen Sie dieses an, und der Text wird an der neuen Stelle hineinkopiert.

2 Damit löschen Sie einen markierten Text (oder auch gleich mehrere markierte Texte) aus Ihrem Chat.

3 Hier rufen Sie die Nachrichteninfo auf und sehen, wann Sie den Chat übermittelt haben und ob er zugestellt und auch bereits gelesen wurde.

4 Mit dem Stern-Symbol kennzeichnen Sie einen markierten Text. Mehr zu dieser Funktion erfahren Sie im Abschnitt »Mit den Sternen Wichtiges bewahren« ab Seite 104.

5 Mit diesem Symbol senden Sie zusammen mit Ihrer Antwort eine zuvor markierte Textnachricht Ihres Chatpartners, zitieren diese also (etwa weil der Chat schon eine Weile zurückliegt und Sie mit diesem Partner zwischenzeitlich schon mehrere Chats geführt haben und nun deutlich machen wollen, worauf Sie sich beziehen).

6 Damit kehren Sie zu Ihrem Ausgangschat bzw. zum vorigen Bildschirm zurück.

Und so sieht der Aktionsbalken aus, wenn Sie mehr als ein Element markiert haben:

Die Symbole 3 und 5 (siehe die vorherige Seite) sind verschwunden, weil diese Aktionen nur bei einer markierten Nachricht möglich sind. Stattdessen sehen Sie die Anzahl der markierten Elemente 7.

Copy & Paste – Kopieren und Einfügen

Copy & Paste funktioniert nicht nur am Computer, sondern auch auf dem Smartphone und somit auch in WhatsApp. Zum Kopieren eines markierten Textes drücken Sie länger auf diesen und wählen dann entweder die auf dem Bildschirm erscheinende Funktion **Kopieren** oder **Ausschneiden** 1. Möchten Sie den kopierten Text sodann in ein Eingabefeld einfügen (z. B. in das Eingabefeld einer SMS-Nachricht oder einer E-Mail), halten Sie das Eingabefeld länger gedrückt, bis das Einfügen-Symbol bzw. die Schaltfläche **Einfügen** erscheint. Tippen Sie darauf, wird der zuvor kopierte Text eingefügt. Im Übrigen funktioniert dies nicht nur mit Text – Sie können u. a. auch Bilder, Videos und vieles mehr kopieren. Bei Texten legen Sie mit den Markierungssymbolen 2 fest, welche Passagen genau kopiert werden sollen (siehe dazu auch Seite 34).

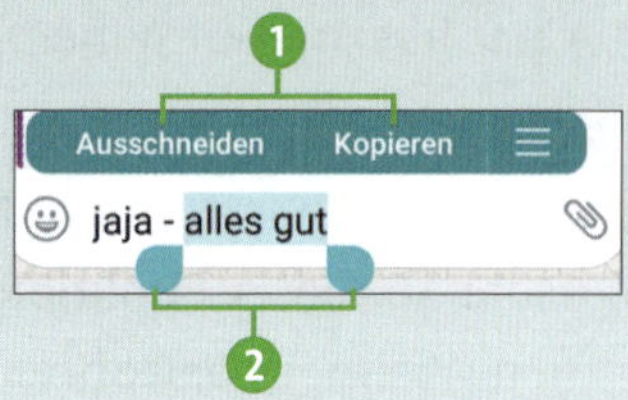

Eine Nachricht zurückrufen

Haben Sie Ihren Chat an einen falschen Kontakt gesendet oder möchten aus anderen Gründen die gesendete Nachricht wieder vom Smartphone Ihres Chatpartners löschen, dann haben Sie in WhatsApp tatsächlich folgende Möglichkeit dazu – allerdings nur bis zu sieben Minuten nach dem Versenden der Nachricht:

1. Markieren Sie die entsprechende Nachricht.
2. Tippen Sie auf das im Aktionsbalken erscheinende Mülleimer-Symbol.
3. Bestätigen Sie die Abfrage durch Tippen auf **FÜR ALLE LÖSCHEN** ①. (Bei der Option **FÜR MICH LÖSCHEN** ② würde die Nachricht dagegen nicht aus dem Chat des Empfängers, sondern nur auf Ihrem Smartphone gelöscht.)

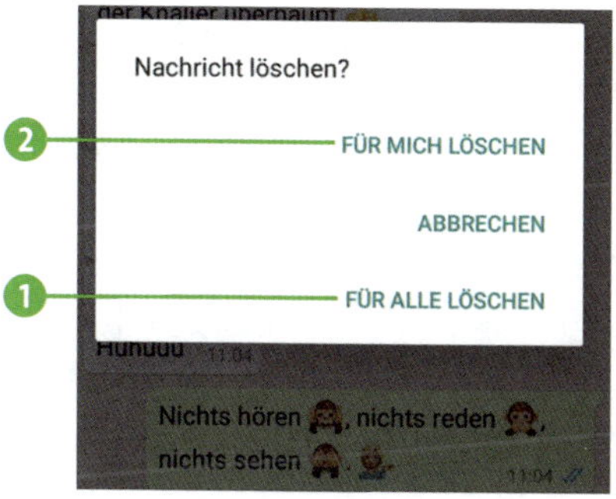

4. Den Hinweis, dass die Nachricht gelöscht wurde ③, können Sie im Übrigen auch wieder aus Ihrem Chatverlauf löschen.
5. Auch Ihr Chatpartner erhält einen solchen Hinweis. Diesen allerdings können Sie nicht auf dessen Smartphone löschen.

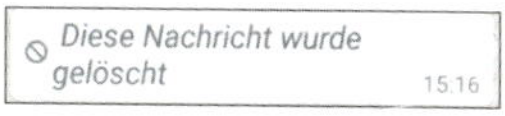

Aber, wie gesagt: Sie können Chats nur bis zu sieben Minuten nach dem Senden löschen!

Dokumente und PDF-Dateien versenden

Sie können auch Word- oder Excel-Dokumente (etwa mit der Endung *.docx* bzw. *.xlsx*) sowie PDF-Dateien (*.pdf*) an Ihre Chatpartner versenden. Die maximale Dokumentengröße beträgt 100 MByte pro versendetem Dokument. Zudem muss das Dokument im Speicher Ihres Smartphones oder auf einer eingelegten Speicherkarte abgespeichert sein.

1. Öffnen Sie den Chatkontakt, und tippen Sie auf die Büroklammer ❶ im Eingabefeld.

2. Im sich nun öffnenden Bildschirm wählen Sie **Dokument** ❷.

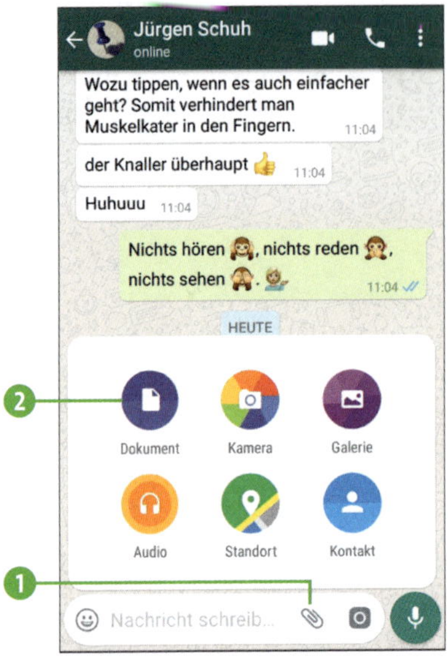

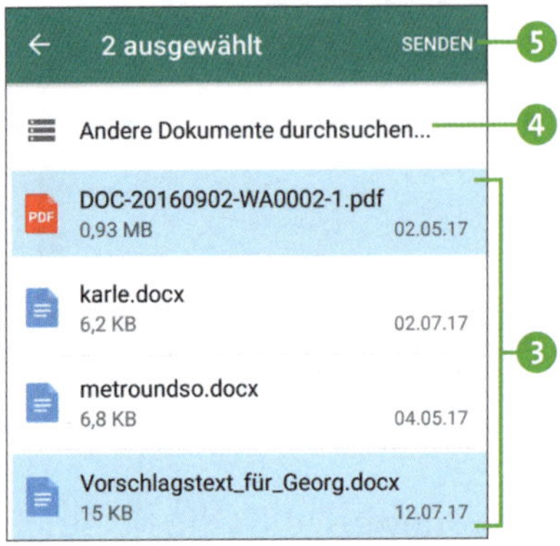

3. WhatsApp sucht auf Ihrem Smartphone nach versendbaren Dokumenten und listet diese in einer Dokumentenauswahl ❸ auf. Wird die zu versendende Datei in der Auswahl nicht angezeigt, z. B. weil sie sich auf der SD-Karte befindet, tippen Sie auf **Andere Dokumente durchsuchen** ❹, wählen den entsprechenden Speicherort und öffnen die Datei schließlich.

4. Markieren Sie ein oder mehrere Dokumente zum Versenden (diese sind dann wie hier im Beispiel blau unterlegt).

5. Tippen Sie auf **SENDEN** ❺, und bestätigen Sie die nun erscheinende Rückfrage ❻, bzw. brechen Sie durch **ABBRECHEN** ❼ ab. In diesem Fall gelangen Sie wieder zur Dokumentenauswahl. Von dort aus geht es per Pfeil ← bzw. Zurück-Schaltfläche wieder zum Ausgangschat.

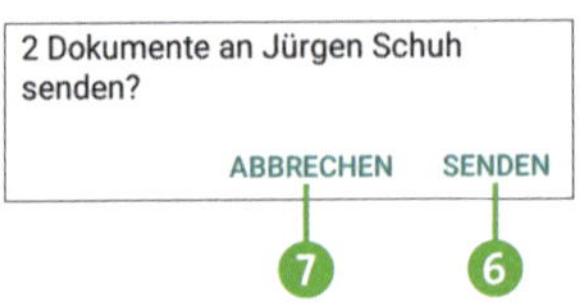

Bilder, Videos und GIFs versenden

Zunächst werden wir Ihnen zeigen, wie Sie in WhatsApp Fotos bzw. Videos aufnehmen und dabei gleich an einen oder mehrere Chatpartner versenden. Anschließend erfahren Sie, wie Sie bereits auf Ihrem Smartphone gespeicherte Bilder bzw. Videos übermitteln. In diesem Zusammenhang lernen Sie auch die sog. GIF-Dateien kennen.

So nehmen Sie ein Bild oder einen Videofilm zum sofortigen Versenden an einen Chatpartner auf:

1. Wählen Sie einen Chatkontakt durch Antippen aus.
2. Tippen Sie auf das Kamera-Symbol ❶ rechts im Eingabefeld.
3. Es öffnet sich die Kamera-App des Smartphones. Entscheiden Sie sich nun, ob Sie ein Bild oder ein Video aufnehmen möchten. Unterhalb des Auslöseknopfes finden Sie den Hinweis **Für Video halten, für Foto tippen** ❷. (*Halten* bedeutet, dass Sie während der gesamten Filmaufnahme den Finger auf dem Auslöseknopf belassen müssen.) Auf Ihrem Smartphone finden Sie ggf. einen anderslautenden, aber entsprechenden Hinweis vor.

   Durch Antippen des Blitz-Symbols ❸ links des Auslöseknopfes regeln Sie den Kamerablitz. Dieser kann durch ein- bzw. mehrmaliges Antippen permanent oder automatisch zugeschaltet bzw. ganz ausgeschaltet werden.

   Über das Symbol rechts ❹ stellen Sie ein, ob Sie das Bild oder den Film über Ihre Haupt- oder über die Frontkamera aufnehmen möchten. Voreingestellt ist die Hauptkamera – das ist diejenige, welche sich auf der Rückseite des Smartphones befindet. Die

Hauptkamera ist bei den meisten Smartphone-Modellen die qualitativ bessere. Die Frontkamera verwendet man zumeist, um ein *Selfie* zu schießen.

Nun bietet Ihnen WhatsApp die Möglichkeit, die soeben gefertigte Aufnahme noch etwas aufzuhübschen. Verwenden Sie hierzu die am oberen Bildschirmrand angezeigte Werkzeugleiste.

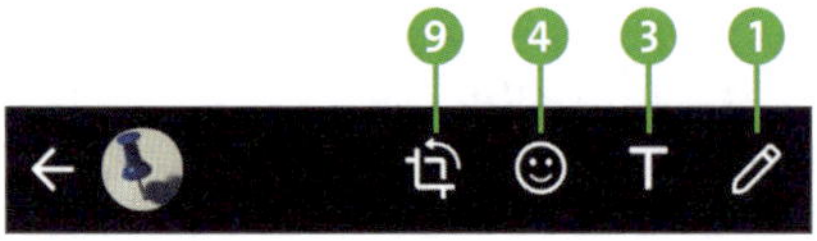

1. Tippen Sie auf das Stift-Symbol ❶, können Sie mittels Ihres Fingers in das Bild bzw. Video malen. Die Malfarbe kann an der am rechten Bildrand erscheinenden Farbskala ❷ ausgewählt werden. Nach dem Antippen des T-Symbols ❸ öffnet sich Ihre Tastatur, und Sie können das Bild bzw. Video beschriften; die Schriftfarbe ist ebenso wählbar.

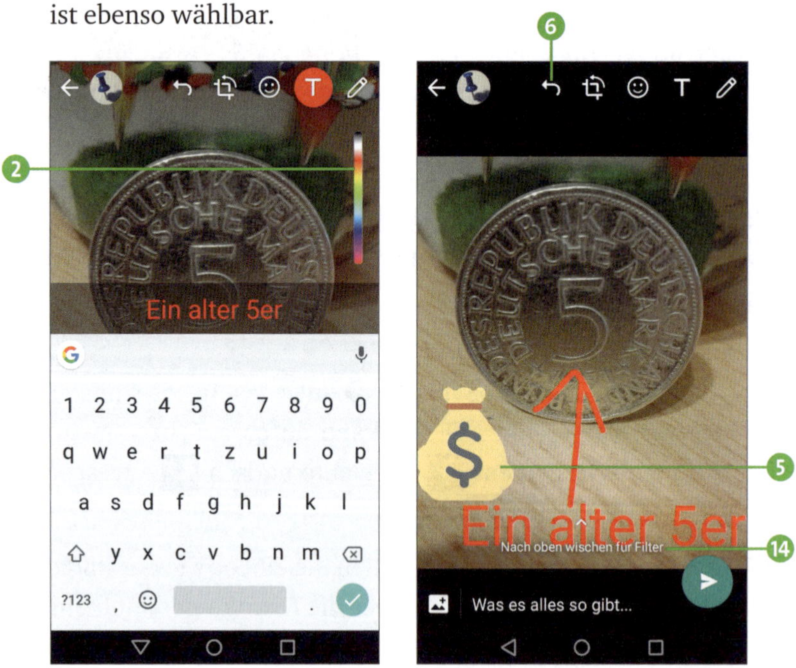

2. Durch Antippen der Emoji-Symbolschaltfläche ④ öffnet sich eine Auswahl mit verschiedenen *Stickern*, welche Sie Ihrem Foto bzw. Video ebenfalls hinzufügen können (hier im Beispiel ist es der Geldsack ⑤).

3. Die Sticker und der mittels Tastatur eingegebene Text können auf dem Bildschirm nachträglich verschoben und somit exakt platziert werden. Hierzu drücken Sie etwas länger auf das betreffende Objekt und ziehen es per Fingergeste an die gewünschte Stelle. Die eingefügten Sticker und der Text lassen sich sogar mittels Fingergeste vergrößern, verkleinern und drehen.

4. Mit dem Symbol ↶ ⑥ machen Sie Ihre Aktionen schrittweise rückgängig.

5. Die Sticker und der mittels Tastatur eingegebene Text lassen sich im Nachhinein auch wieder löschen. Tippen Sie hierzu auf das zu löschende Element (hier im Beispiel ein Sticker), und verschieben Sie es leicht in eine beliebige Richtung. Am Bildschirmrand oben links erscheint sodann ein Mülleimer-Symbol ⑦. Ziehen Sie das Element auf das Symbol, und lassen Sie es los, wenn sich das Symbol rot verfärbt ⑧. Das Element ist damit gelöscht.

6. Nach Tippen auf das Zuschneiden-Symbol ⑨, das Ihnen nur bei Bildern (und nicht bei Videos) zur Verfügung steht, öffnet sich ein Rahmen (⑩ auf Seite 46). Halten Sie den Finger auf den Außenseiten oder Ecken des Rahmens gedrückt, und ziehen Sie diesen

in die gewünschte Richtung, um die Größe des Bildausschnitts festzulegen. Möchten Sie den Rahmen als Ganzes auf dem Display verschieben, so halten Sie Ihren Finger in der Mitte des Rahmens gedrückt und verschieben diesen. Mit dem Symbol zum Drehen ⑪ wird der Ausschnitt schrittweise um 90° gedreht. Bestätigen Sie Ihre Bearbeitungsschritte durch Antippen von **FERTIG** ⑫, oder tippen Sie auf **ABBRECHEN** ⑬.

7. Durch Antippen von **Nach oben wischen für Filter** (siehe ⑭ auf Seite 44) fügen Sie dem Bild verschiedene Filter hinzu; sechs Varianten stehen zur Auswahl. Der aktuell angewendete Filter wird mit einem Häkchen markiert ⑮.

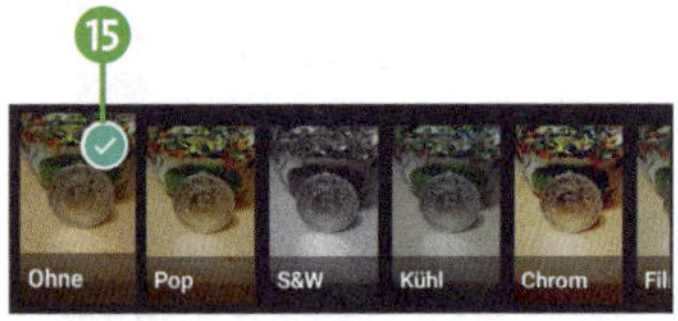

8. Mit einem Blick auf den Kreis am Bildschirmrand ⑯, der das Profilbild (den sog. *Avatar*) Ihres Chatpartners zeigt, können Sie noch einmal überprüfen, an wen Sie das Bild bzw. Video ⑰ (wie hier im Beispiel rechts) gerade zu senden beabsichtigen. Durch Tippen auf den Pfeil ← ⑱ brechen Sie alles ab und kehren zurück zur Kamera-App. Das Bild bzw. Video wird nicht gespeichert.

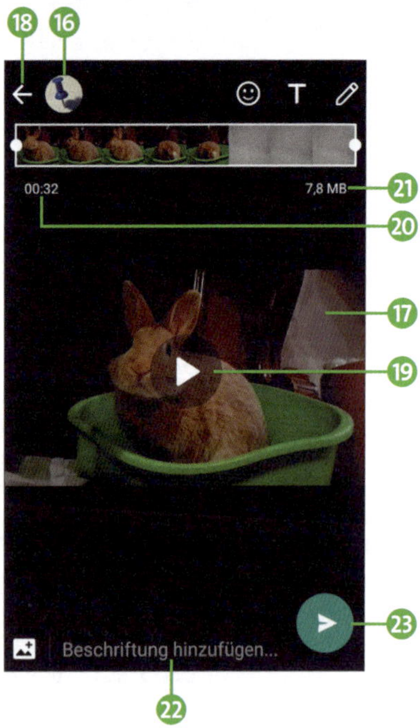

Haben Sie ein Video aufgenommen, können Sie es sich nochmals ansehen 19. Auch die Filmlänge 20 und die Dateigröße 21 werden Ihnen angezeigt.

1. Um Ihrem Bild oder Video eine Bildunterschrift (mitsamt Emojis) hinzuzufügen, tippen Sie auf **Beschriftung hinzufügen** 22 (ein Beispiel sehen Sie in der Abbildung auf Seite 44, in der das Foto zusätzlich zur Beschriftung die Bildunterschrift »Was es alles so gibt …« erhalten hat).
2. Zum Versenden tippen Sie auf das Senden-Symbol 23. Das Bild bzw. der Videofilm wird an Ihren Chatpartner gesendet.
3. Mit dem Pfeil-Symbol oder der Zurück-Taste Ihres Smartphones haben Sie wie immer die Möglichkeit, den Vorgang schließlich noch abzubrechen.

So nehmen Sie ein Bild oder ein Video zum sofortigen Versenden an gleich mehrere Chatpartner auf:

1. Tippen Sie auf das Kamera-Symbol 1 links neben dem **CHATS**-Fenster.

2. Es öffnet sich die Kamera-App Ihres Smartphones. Folgen Sie den Anleitungen ab Schritt 3 auf Seite 43.
3. Anstelle des Senden-Symbols sehen Sie an derselben Stelle nun einen grün hinterlegten Haken. Tippen Sie darauf, öffnet sich die Liste mit Ihren WhatsApp-Kontakten. Wählen Sie mehrere Kontakte aus, so wie im Kasten »Elemente markieren und Markierung aufheben« auf Seite 37 beschrieben.
4. Senden Sie schließlich Ihre Datei (das Foto oder Video) mithilfe der Senden-Schaltfläche an die ausgewählten Kontakte.

So versenden Sie eines oder mehrere Bilder, die sich bereits auf Ihrem Smartphone befinden:

1. Wählen Sie einen Chatkontakt durch Antippen aus.
2. Tippen Sie auf die Büroklammer im Eingabefeld ❶, und wählen Sie **Galerie** ❷.

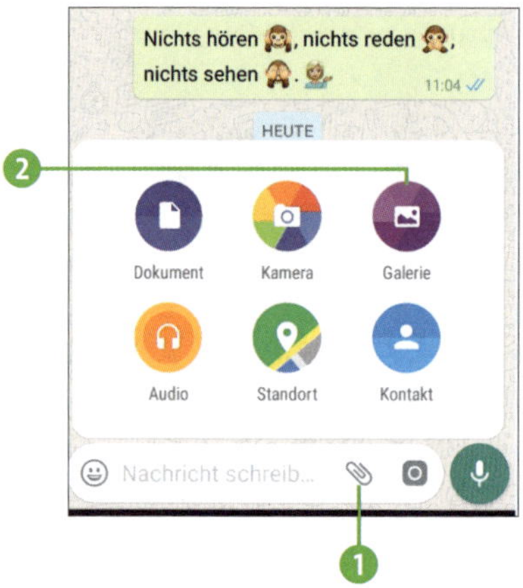

3. Wählen Sie auf dem nun erscheinenden Bildschirm ein oder mehrere Bilder aus. Diese befinden sich womöglich in Ordnern (im Beispiel auf dieser Seite sehen Sie die Ordner **Alle Fotos** ❸ und **Camera** ❹). Öffnen Sie den gewünschten Ordner durch Antippen, und wählen Sie Ihre Fotos. Sollte die Liste der angezeigten Fotos länger als Ihr Bildschirm sein, scrollen Sie. In unserem Beispiel wurden drei Bilder ausgewählt, was Sie an den Häkchen ❺ sowie der Ziffer im Aktionsbalken ❻ erkennen.

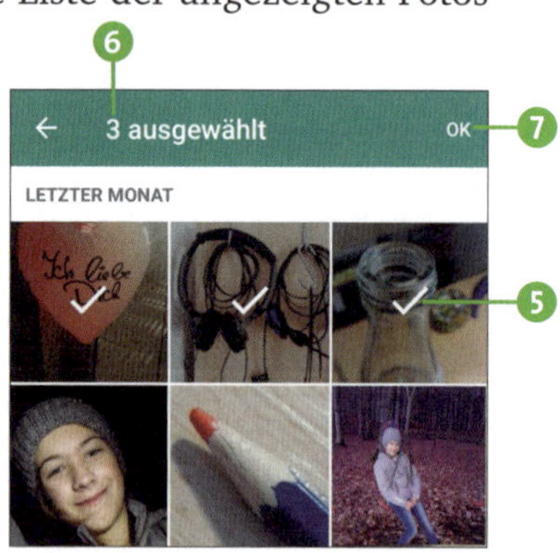

4. Tippen Sie auf **OK** ❼, sodass die Fotos in WhatsApp übernommen werden.

5. Mithilfe der Werkzeugleiste am oberen Bildschirmrand können Sie Ihre Bilder auch hier, wenn Sie dies möchten, auf einen bestimmten Ausschnitt zuschneiden oder in 90°-Schritten drehen ⑧, mit Emojis ⑨ oder Text ⑩ versehen oder auch mittels des Stiftes ⑪ hineinzeichnen.

6. Am unteren Bildschirmrand sehen Sie die von Ihnen zuvor ausgewählten Bilder in der Auswahlansicht ⑫. Wenn Sie dort ein Bild durch Antippen auswählen (es erhält einen Rahmen), wird es auf dem Display darüber groß angezeigt ⑬ und kann nun von Ihnen mithilfe der Ihnen bereits bekannten Werkzeuge bearbeitet werden. Das Antippen von [Papierkorb-Symbol] ⑭ löscht das markierte Bild aus Ihrer Auswahl. Durch Antippen von [Bild-hinzufügen-Symbol] ⑮ gelangen Sie erneut in Ihre Bildauswahl. Hier fügen Sie durch Antippen weitere Bilder hinzu bzw. wählen Bilder wieder ab.

7. Fügen Sie dem Foto, wenn Sie möchten, eine Beschriftung (Bildunterschrift) ⑯ und ggf. auch Sticker ⑨ hinzu – so, wie Sie es bereits kennengelernt haben.

8. Versenden [Senden-Symbol] ⑰ Sie schließlich die Fotos an Ihren Chatkontakt, oder brechen Sie durch [Zurück-Symbol] oder mittels der Zurück-Taste den Vorgang ab.

Auf diese Weise können Sie maximal 30 Fotos auf einmal versenden. Bei Videos ist der Versand abhängig von der Dateigröße. Ein Video darf 16 MByte nicht überschreiten.

Und so versenden Sie ein Video (oder auch mehrere), das sich bereits auf Ihrem Smartphone befindet:

1. Wählen Sie einen Chatkontakt durch Antippen aus.
2. Tippen Sie auf die Büroklammer im Eingabefeld, und wählen Sie **Galerie**.

3. Wählen Sie aus den nun erscheinenden Ordnern ein Video aus. Dieses wird in WhatsApp übernommen.
4. Um das Video anzuschauen bzw. um es zu pausieren, tippen Sie auf die Bildschirmmitte (1).
5. Über die Werkzeugleiste oben (2) können Sie Ihr Video, wie zuvor gelernt, bearbeiten.

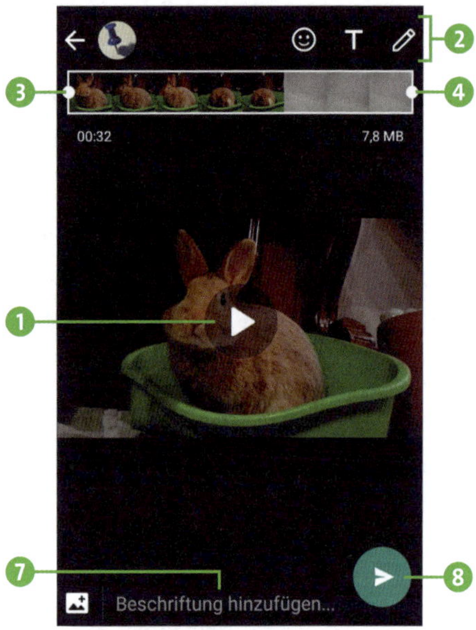

6. Mittels Verschieben des linken (3) und des rechten Reglers (4) an den Rändern der Vorschau ist es möglich, das Video zu schneiden. Entsprechend wird sich die angezeigte Dateigröße (5) verkleinern und die Abspielzeit (6) verkürzen.
7. Auch hier können Sie eine **Beschriftung hinzufügen** (7) und wie immer auch Emojis bzw. Sticker.

8. Zum Versenden tippen Sie auf die Senden-Schaltfläche (8) oder brechen über ← bzw. die Zurück-Taste den Vorgang ab.

9. Sollte Ihr Video zu groß für den Versand sein, erscheint eine entsprechende Meldung auf Ihrem Bildschirm. Nutzen Sie in diesem Fall die Möglichkeit des Schneidens (siehe Schritt 6).

Info: GIF bzw. GIF-Animation

GIFs oder GIF-Animationen sind kurze, sich ständig in einer Endlosschleife wiederholende Videos. Wenn Sie sich unter einer solchen GIF-Datei nun gar nichts vorstellen können – auf *www.giphy.com* bekommen Sie einen Eindruck davon.

Im Folgenden zeigen wir Ihnen, wie Sie ein bereits vorhandenes GIF versenden, ein GIF aus einem Video erstellen und ein fertiges GIF aus einer Datenbank wählen.

So versenden Sie eine GIF-Animation, die sich bereits auf Ihrem Smartphone befindet:

1. Wählen Sie einen Chatkontakt durch Antippen aus.
2. Tippen Sie auf die Büroklammer 📎, und wählen Sie **Galerie**.
3. Vorhandene GIF-Dateien befinden sich üblicherweise im Videoordner (im Beispiel **Alle Videos** ❶) und sind mit **GIF** ❷ gekennzeichnet.

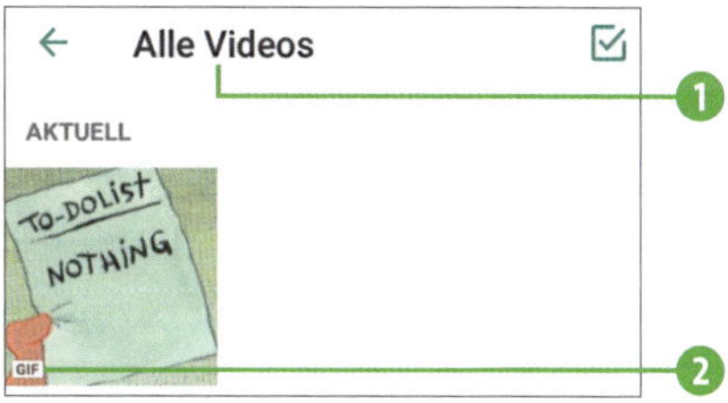

4. Wie beim Video können Sie auch beim GIF verschiedene Bearbeitungen durchführen (siehe die Anleitung zum Video ab Schritt 5 auf Seite 50).

So erstellen Sie eine GIF-Animation aus einem auf Ihrem Smartphone gespeicherten Video und versenden diese:

1. Verfahren Sie, wie in den Schritten zum Versenden eines Videos ab Seite 50 beschrieben.

2. GIF-Animationen dürfen die maximale Abspiellänge von sechs Sekunden aufweisen. Falls nötig, kürzen Sie das Video mithilfe der Regler ❶.

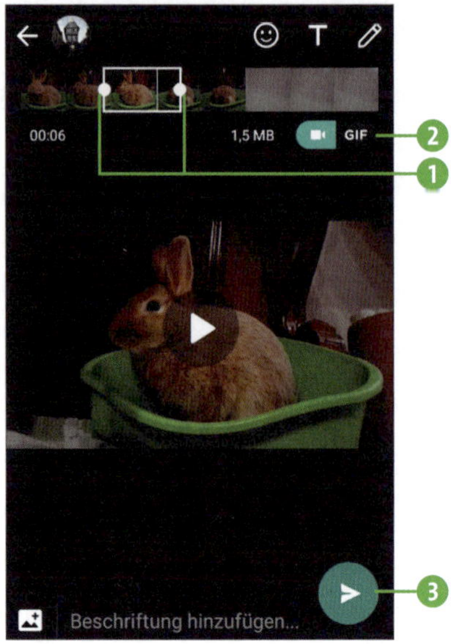

3. Sobald Sie Ihr Video auf maximal sechs Sekunden Abspielzeit gekürzt haben, werden auf Ihrem Display ein kleines Kamera-Symbol sowie der Schriftzug **GIF** ❷ eingeblendet. Dies bedeutet, dass Sie nun aus Ihrem Video eine GIF-Animation erstellen können.
4. Tippen Sie auf das GIF-Symbol, wird die GIF-Animation erstellt. Diese spielt sich automatisch in einer Endlosschleife ab.
5. Wenn Sie möchten, bearbeiten Sie Ihr erstelltes GIF noch im Nachhinein, so wie Sie es bereits kennen.
6. Versenden Sie Ihr GIF wie üblich über die Senden-Schaltfläche ❸.

Um vorgefertigte GIF-Animationen zu senden, ist mittels WhatsApp der direkte Zugriff auf die Datenbank von *www.giphy.com* möglich.

1. Öffnen Sie einen Chat, und tippen Sie auf das Emoji-Symbol links im Eingabefeld.
2. Tippen Sie auf GIF ❶ am unteren Displayrand.
3. Bei bestehender Internetverbindung stellt WhatsApp nun eine Verbindung zu *www.giphy.com* her, und es werden automatisch GIF-Animationen auf Ihrem Display abgespielt ❷. Scrollen Sie durch das Angebot, und wählen Sie dasjenige GIF durch Antippen aus, das Sie versenden möchten.

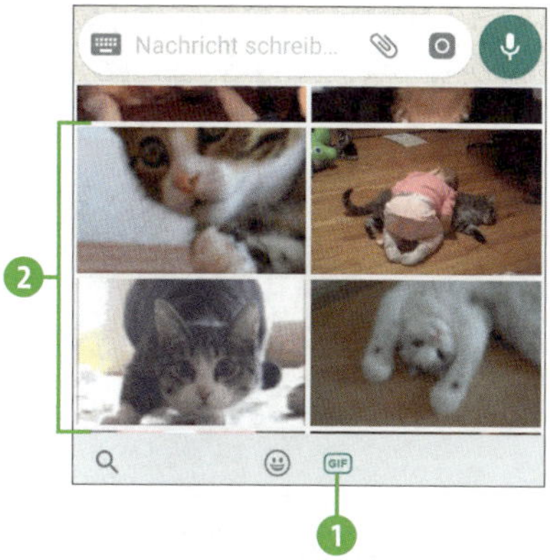

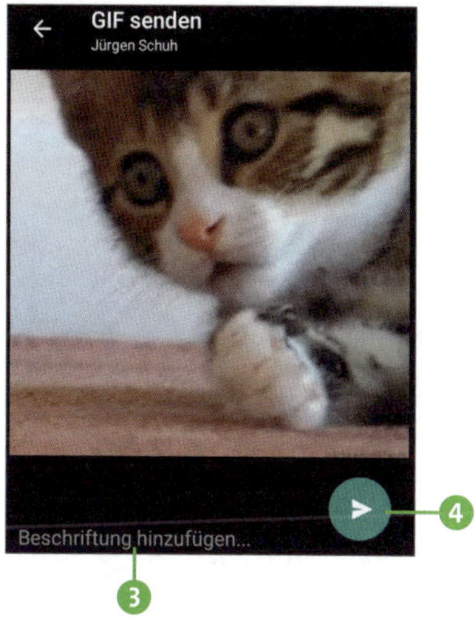

4. Fügen Sie ggf. noch eine Beschriftung hinzu ❸, und versenden Sie das GIF über die Senden-Schaltfläche ❹.

Fotos, Videos und GIFs, die sich auf Ihrem Smartphone befinden, können Sie übrigens auch nachträglich nach Ihrem Geschmack gestalten.

1. Tippen Sie dazu im **CHATS**-Fenster auf das Kamera-Symbol ❶.

2. Wählen Sie in der eingeblendeten Auswahlansicht das gewünschte Bild, Video oder GIF durch Antippen aus. Durch Wischen von links nach rechts und umgekehrt scrollen Sie durch die Auswahlansicht. Videos sind durch ein kleines Kamera-Symbol ❷ gekennzeichnet, GIFS durch das GIF-Icon ❸.

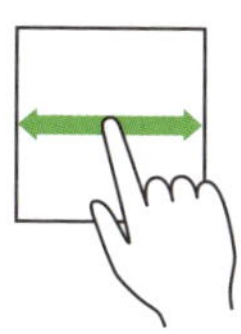

3. Alternativ wischen Sie, ausgehend von der Pfeilspitze (4 auf Seite 53), nach oben und öffnen dann die entsprechende Datei.

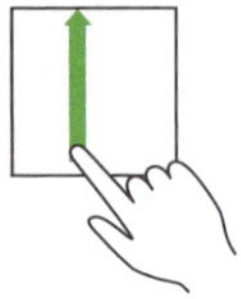

4. Die ausgewählte Datei (5 auf Seite 53) wird auf Ihrem Bildschirm großflächig angezeigt 6.
5. Diese können Sie nun auf die Ihnen bekannte Weise bearbeiten und anschließend natürlich auch wieder an einen oder mehrere Chatkontakte versenden.

Voice Messaging – Sprachnachrichten aufnehmen und versenden

Die Alternative zum Textchat funktioniert so:

1. Wählen Sie einen Chatkontakt durch Antippen aus.
2. Drücken und halten Sie im Eingabefeld die Mikrofon-Schaltfläche 1. Sprechen Sie nun Ihre Nachricht, oder nehmen Sie andere Geräusche auf. Bitte beachten Sie, dass die Aufnahme nur so lange läuft, wie Sie den Aufnahmeknopf gedrückt halten.

   Fangen Sie nicht sofort zu sprechen an, sondern warten Sie ca. eine Sekunde. Sonst besteht die Gefahr, dass der Anfang nicht mit aufgenommen wird.
3. Sind Sie mit Ihrer Aufnahme zufrieden, lassen Sie die Mikrofon-Schaltfläche los – Ihre Nachricht wird sofort und ohne weitere Rückmeldung versandt.

4. Möchten Sie doch keine Sprachnachricht senden, belassen Sie den Finger auf der Mikrofon-Schaltfläche und wischen gleichzeitig nach links ❷. Ihre Nachricht wird damit verworfen.

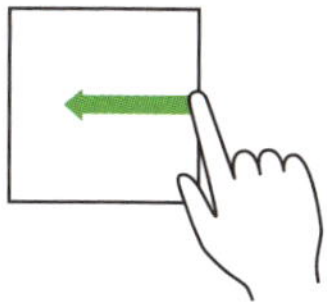

Aufnehmen, ohne die Mikrofon-Schaltfläche dauernd zu drücken

Möchte man eine längere Sprachnachricht aufnehmen, so ist es ziemlich unkomfortabel, die Mikrofon-Schaltfläche fortwährend gedrückt zu halten. WhatsApp hat angekündigt, diese Funktion bald zu verbessern, sodass man die Schaltfläche loslassen und dennoch weiter aufnehmen kann. Auch soll es möglich sein, die Sprachnachricht noch einmal abzuhören, bevor man sie versendet. Zum Zeitpunkt der Drucklegung dieses Buches war die neue Funktion allerdings noch nicht überall umgesetzt – zumindest noch nicht bei allen Betriebssystemen. Probieren Sie einfach auf Ihrem Smartphone aus, ob es mittlerweile funktioniert.

Besitzer eines iPhones mit der aktuellen Version von WhatsApp gehen zum Versenden einer Sprachnachricht so vor:

1. Wählen Sie Ihren Chatkontakt aus.
2. Beginnen Sie mit der Aufnahme der Sprachnachricht durch Drücken der Mikrofon-Schaltfläche ❶; lassen Sie diese für ca. zwei Sekunden gedrückt.

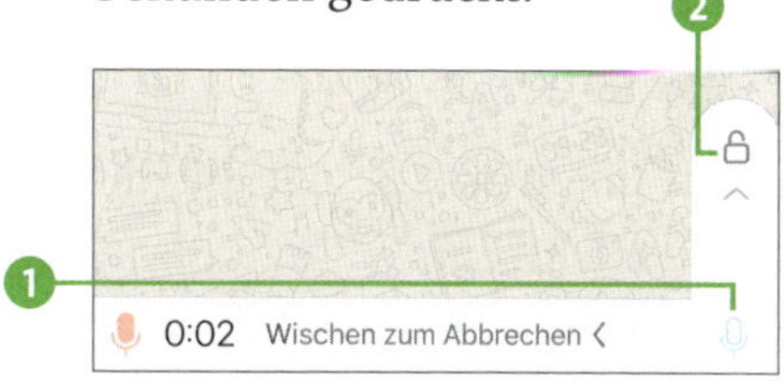

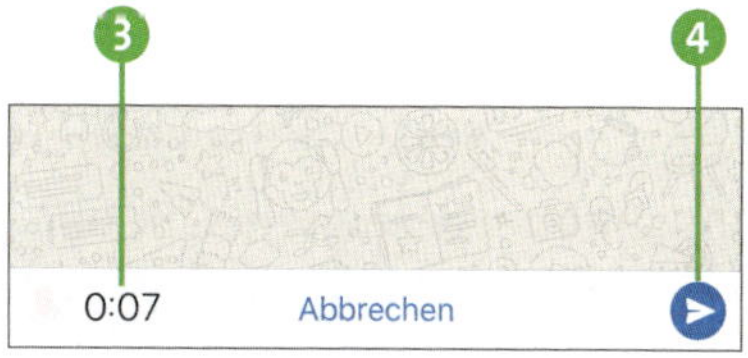

3. Wischen Sie nun die Mikrofon-Schaltfläche nach oben; es erscheint ein Schloss-Symbol ❷.

4. Nehmen Sie den Finger vom Display – die Aufnahme läuft weiter, was Sie an der Aufnahmedauer (3 auf Seite 55) erkennen. Gleichzeitig erscheint nun die Senden-Schaltfläche rechts neben dem Eingabefeld.
5. Zum Versenden ohne nochmaliges Anhören der Nachricht (siehe dazu die folgende Anleitung) tippen Sie auf die Senden-Schaltfläche (4 auf Seite 55). Die Aufnahme wird gestoppt und sofort versandt.

Möchten Sie indes die Nachricht nochmals anhören, gehen Sie wie folgt vor:

1. Nehmen Sie auf Ihrem iPhone eine Sprachnachricht auf, so wie in den Schritten 1 bis 4 ab Seite 55 gezeigt.
2. Tippen Sie während der laufenden Aufnahme oben links auf den Namen bzw. das Profilfoto Ihres Chatkontakts. Sie gelangen hierdurch zur Profilinfo Ihres Kontakts, und Ihre Sprachaufnahme wird automatisch abgebrochen, dabei aber gespeichert.
3. Mit einem Tipp auf den Pfeil oben links kehren Sie von der Profilinfo wieder in Ihren Chat zurück und sehen dort nun die noch nicht versandte Sprachnachricht.
4. Durch Antippen der Play-Schaltfläche (sie wird dann zur Pause-Schaltfläche 1) hören Sie die Nachricht noch einmal beliebig oft ab. Tippen Sie anschließend auf die Senden-Schaltfläche 2, oder verwerfen Sie die Nachricht endgültig mit einem Fingertipp auf das Papierkorb-Symbol 3.

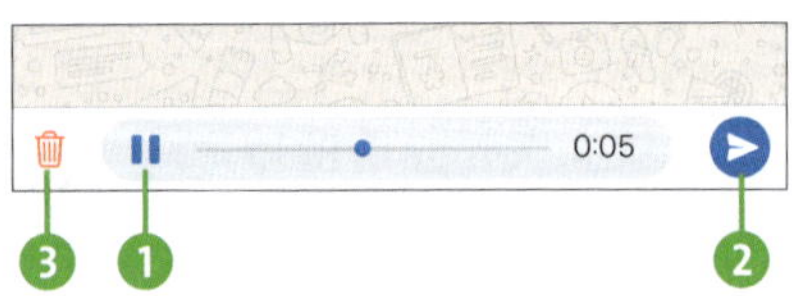

Auf einem Android-Smartphone stehen Ihnen wie gesagt die gerade am iPhone gezeigten Optionen zurzeit nicht zur Verfügung. Sollte WhatsApp die Funktionen mittlerweile auch dort eingeführt haben, können Sie sich als Besitzer eines Android-Smartphones an den obigen Anleitungen orientieren.

Versenden von Audiodateien

Audiodateien in den gängigen Formaten (z. B. *.mp3*) lassen sich folgendermaßen versenden:

1. Öffnen Sie einen Chatkontakt.
2. Tippen Sie auf die Büroklammer im Eingabefeld, dann auf **Audio** und zuletzt auf **Musiktitel auswählen**.
3. Wählen Sie aus der angezeigten Liste eine Audiodatei; diese wird markiert ❶ und gleichzeitig abgespielt. Das Abspielen können Sie durch Tippen auf ❷ wieder stoppen.
4. Nach Tippen auf **OK** ❸ wird die Datei ohne weitere Rückfrage versandt. Sie können die Aktion aber auch noch **ABBRECHEN** ❹.

Bei den Audiodateien gilt dieselbe Größenbeschränkung wie bei den Videos: Die maximale Dateigröße von 100 MByte darf nicht überschritten werden.

Einen Standort teilen

Eine sehr nützliche Funktion ist das Versenden des Standortes. Vor allem dann, wenn Sie sich mit jemandem treffen wollen und die Beschreibung des eigenen Standortes oder eines Treffpunkts ziemlich kompliziert ist.

1. Öffnen Sie einen Chatkontakt.
2. Tippen Sie auf im Eingabefeld, dann auf **Standort**. Es öffnet sich das Fenster **Standort senden**. Idealerweise haben Sie das GPS-Modul Ihres Smartphones aktiviert. Ist dies nicht der Fall,

können Sie mittels WhatsApp die Einstellungen für den Standortzugriff vornehmen – tippen Sie hierzu auf **OK** ❶.

3. Schalten Sie den **Standortzugriff** Ihres Smartphones ein ❷, und entscheiden Sie sich für einen **Standortmodus** ❸.

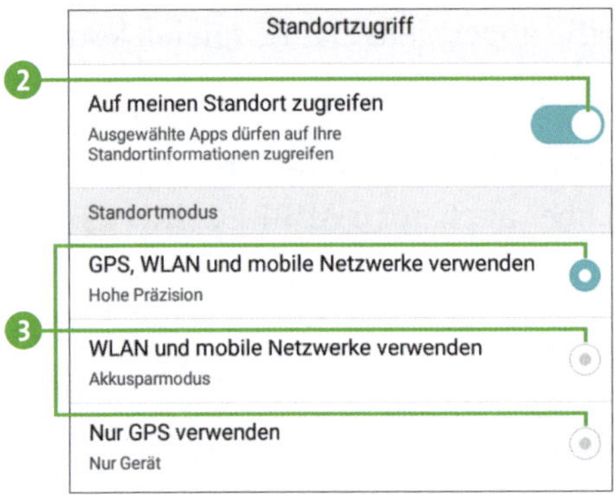

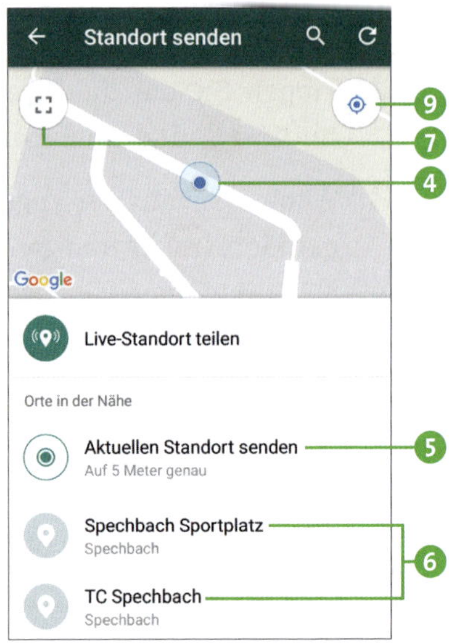

4. Mittels Zurück-Taste Ihres Smartphones gelangen Sie wieder zum Fenster **Standort senden**. Ihr eigener Standort ist nun auf dem angezeigten Kartenausschnitt mit einem blauen Kreis ❹ markiert.

5. Senden Sie durch Antippen von **Aktuellen Standort senden** ❺ Ihren aktuellen Standort an Ihren Chatpartner, oder wählen Sie einen von WhatsApp vorgeschlagenen Ort in der Nähe ❻. Dies kann z. B. ein Restaurant, eine Freizeit- oder Sportanlage, ein öffentliches Gebäude oder Ähnliches sein. In der Liste der Vorschläge können Sie scrollen, um sich Weiteres anzeigen zu lassen.

6. Vergrößern Sie den Kartenausschnitt durch die entsprechende Fingergeste, oder tippen Sie alternativ auf [⛶] ❼, und es verschwinden die angezeigten Vorschläge. Dafür sehen Sie in einem kleinen Infokasten

die Adresse Ihres Standortes 8. Mittels Fingergeste können Sie den Maßstab der Karte nach Bedarf weiter vergrößern oder auch verkleinern. Sollte hierbei Ihr eigener Standort außer Sicht geraten, tippen Sie auf 9, und Sie sehen diesen wieder etwa in der Mitte des Kartenausschnitts. Der ursprüngliche Maßstab wird hierdurch auch wiederhergestellt.

Sie können den durch das Tippen auf 7 vergrößerten Kartenausschnitt durch Drücken auf den Bildschirm und langsames Wischen verschieben und so die rote Markierung 10, die Sie dabei auf der Karte sehen, auf jeder Stelle der Karte platzieren. Auf diese Weise legen Sie einen Standort manuell fest. Ist dieser korrekt, tippen Sie auf **Diesen Standort senden** 11.

Die grünen Punkte markieren sog. POIs (*Points Of Interest* – Geoobjekte von Bedeutung). Tippen Sie diese an 12, so erhalten Sie nähere Informationen. Gegebenenfalls müssen Sie durch die entsprechende Fingergeste »heranzoomen«. Durch Antippen des eingeblendeten Infokastens 13 wird auch dieser Standort an Ihren Chatpartner gesandt.

Wenn Sie selbst einen Standort gesendet bekommen, erscheint er als Kartenausschnitt im Chat.

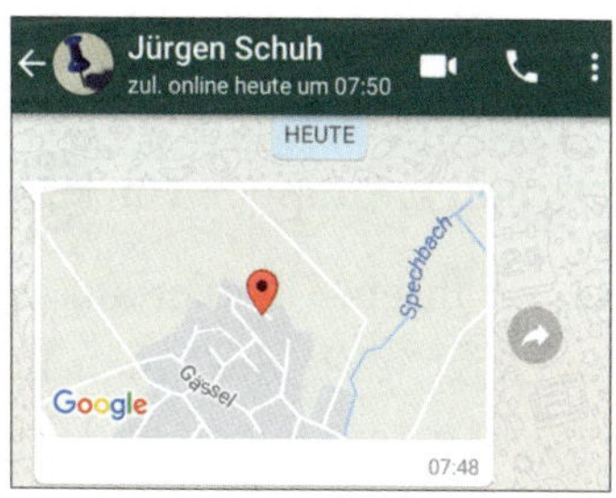

1. Tippen Sie diesen »Standortchat« an, öffnet sich die Karten-App Ihres Smartphones (bei Android-Geräten ist dies *Google Maps*).
2. Nun sehen Sie bis auf wenige Meter genau, wo sich Ihr Chatpartner befindet, und können mithilfe der bereits geöffneten App (Google Maps) zu diesem Standort navigieren.

Den Live-Standort teilen

WhatsApp bietet Ihnen die Möglichkeit, Ihren Standort in Echtzeit an einen Einzelchat oder an eine ganze Gruppe zu übermitteln. Eine durchaus nützliche Funktion, denn so kann man sich etwa an einer fremden Örtlichkeit aufeinander zubewegen, um sich dann zu treffen.

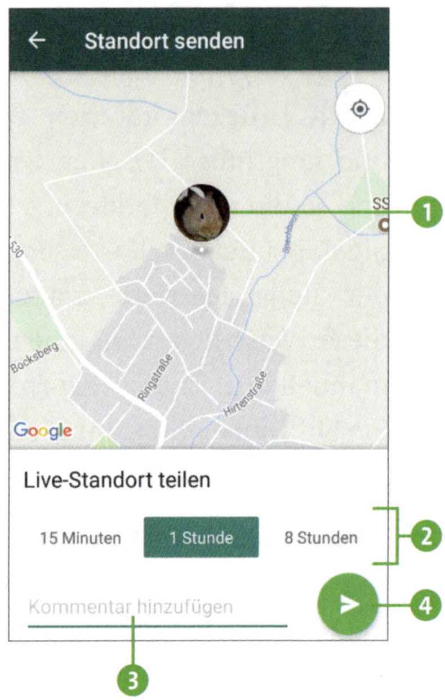

1. Öffnen Sie einen Einzel- oder Gruppenchat. Tippen Sie auf die Büroklammer, sodann auf **Standort** und schließlich auf **Live-Standort teilen**. Natürlich sollte Ihr Standortzugriff aktiviert sein (siehe dazu Seite 58).
2. Ihr eigener Standort wird nun in der Karte angezeigt ❶.
3. Entscheiden Sie sich, wie lange Ihr Live-Standort sichtbar sein soll. Sie können zwischen **15 Minuten**, **1 Stunde** und **8 Stunden** ❷ wählen.
4. Um noch einen Kommentar hinzuzufügen, tippen Sie auf die entsprechende Schaltfläche ❸.
5. Teilen Sie Ihren Live-Standort durch Antippen von ❹.
6. In Ihrem Chatverlauf wird angezeigt, dass Sie einen Live-Standort geteilt haben und wie lange er geteilt wird ❺.

7. Zum frühzeitigen Beenden tippen Sie auf **Teilen beenden** ❻.

Kontakte und Links versenden

Sie können einem Chatpartner einen Kontakt, der auf Ihrem Smartphone abgespeichert ist, senden. Das können natürlich auch Ihre eigenen Kontaktdaten sein.

1. Öffnen Sie den Chatkontakt, dem Sie einen Kontakt zusenden möchten.
2. Tippen Sie auf die Büroklammer im Eingabefeld und dann auf **Kontakt**.
3. Wählen Sie aus der Liste einen oder mehrere Kontakte aus; diese werden im Aktionsbalken angezeigt.
4. Tippen Sie auf **Senden**.
5. Die ausgewählten Kontakte erscheinen nun in einer Liste. Möglicherweise müssen Sie, um sich alles anzeigen zu lassen, scrollen. Hat der Kontakt mehrere Untereinträge, entscheiden Sie, welche dieser Informationen weitergeleitet werden sollen. Setzen bzw. entfernen Sie hierzu entsprechend Häkchen 1 durch Antippen.
6. Tippen Sie erneut auf **Senden** 2.
7. Möchten Sie doch nicht alle ausgewählten Kontakte versenden, tippen Sie auf den entsprechenden Avatar 3; der ausgewählte Kontakt wird aus der Liste entfernt.

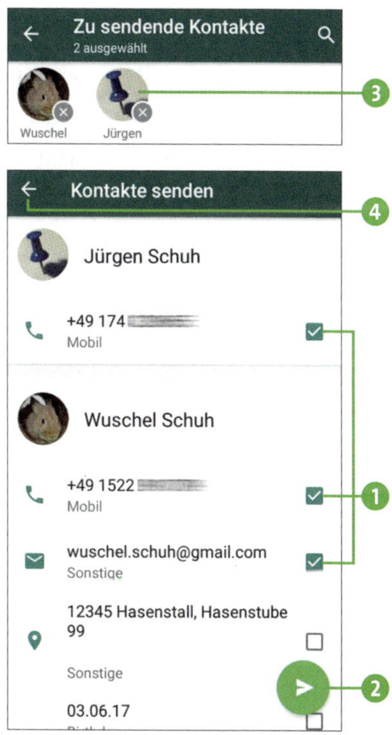

8. Möchten Sie die Aktion vor dem Versenden abbrechen, tippen Sie auf die Zurück-Taste Ihres Smartphones oder auf den Pfeil 4.

Haben Sie eine interessante Webadresse im Internet gefunden, können Sie diesen Link ebenfalls an Ihren Chatpartner senden.

1. Kopieren Sie die Webadresse z. B. aus Ihrem Internetbrowser (siehe hierzu auch den Kasten »Copy & Paste – Kopieren und Einfügen« auf Seite 40).
2. Öffnen Sie einen Chatkontakt, und fügen Sie die Adresse in das Eingabefeld **1** ein.
3. Versenden Sie den Link **2**, oder brechen Sie die Aktion durch die Zurück-Taste ab.

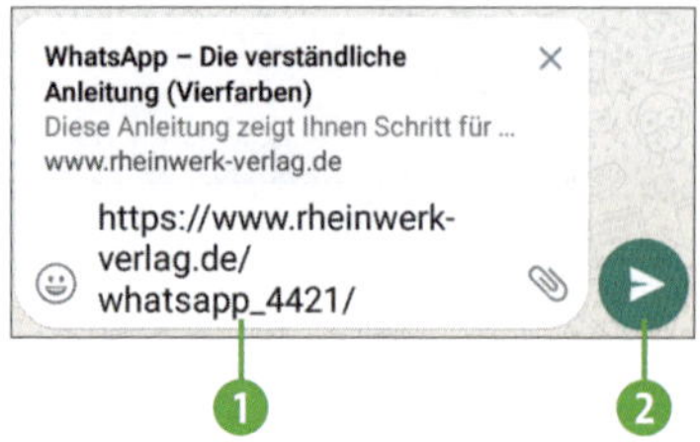

Chats erhalten und weiterleiten

Nach und nach sammeln sich im Fenster **CHATS** immer mehr Chats an. Wenn Sie einen dieser Chats durch Tippen auf den Namen des Kontakts öffnen, wird Ihnen der Gesamtchat mit dieser Person angezeigt (also alles, was Sie versandt und auch erhalten haben). Nicht nur nach dem Empfang, auch im Nachhinein können Sie hier alles jederzeit erneut lesen, anhören oder anschauen. Textnachrichten lesen Sie direkt im Einzelchat, Bilder, Videos und Sprachnachrichten öffnen Sie durch Antippen. Erhalten Sie Dokumente, PDF- oder auch andere Dateien, muss die geeignete App zum Öffnen dieser Dateien auf Ihrem Gerät vorhanden sein. Falls nicht, lässt sich diese über Ihre App-Bezugsquelle installieren.

WhatsApp arbeitet also mit den Apps auf Ihrem Smartphone eng zusammen. Wenn Sie den erhaltenen Standort eines Chatpartners antippen, öffnet sich Ihre Navigations-App (auf Android-Geräten *Google Maps*, auf iPhones z. B. die App *Karten*). Durch Antippen eines erhaltenen Kontakts lässt sich dieser gleich in Ihrer eigenen Kontakte-App abspeichern. Und mit dem Antippen eines Links öffnet sich Ihre Internetbrowser-App.

Wie Sie Textnachrichten weiterleiten, haben Sie im Abschnitt »Antworten erhalten, weiterleiten, kopieren und löschen« ab Seite 38 erfahren. Sie können aber auch alle anderen Chats weiterleiten:

Neben jedem gesendeten und auch erhaltenen Chat (außer bei den Textchats) finden Sie ein Symbol zum Weiterleiten **1**. Tippen Sie darauf, leiten Sie diesen Einzelchat (im Beispiel einen Link) an einen oder mehrere Kontakte weiter.

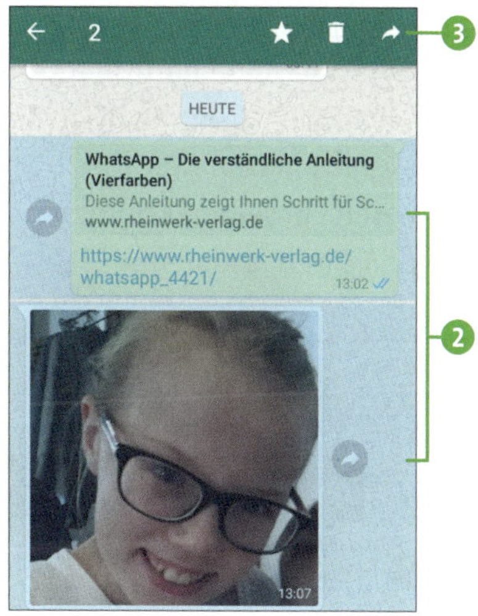

Möchten Sie gleich mehrere Chats (im Beispiel ein Link und ein Bild) weiterleiten, markieren **2** Sie diese zuvor und versenden sie durch Antippen der Weiterleiten-Schaltfläche **3**, die nun mit dem Aktionsbalken erscheint.

Offline-Nachrichten

Sind Sie gerade nicht mit dem Internet verbunden, also im Fachjargon *offline*, ist es dennoch möglich, Chats jedweder Art zu erstellen. Nach der Erstellung und dem Antippen der Senden-Schaltfläche kommen Ihre Chats quasi in die Warteschleife; dies erkennen Sie am Symbol **1**.

Sind Sie zu einem späteren Zeitpunkt dann wieder *online*, werden die Chats ohne Ihr weiteres Zutun versandt – dies erkennen Sie an dem bzw. den entsprechenden Häkchen **2**. Die angezeigte Uhrzeit des Versands ändert sich hingegen nicht. Da der

Chat noch nicht tatsächlich versandt und somit noch nicht bei Ihrem Chatpartner angekommen ist, ist ein Löschen auch über die Sieben-Minuten-Grenze hinaus möglich (siehe dazu den Abschnitt »Eine Nachricht zurückrufen« ab Seite 40).

Sie erhalten einen Chat von einem Unbekannten

Auch das kann natürlich geschehen: Sie erhalten einen Chat von einem Chatpartner, der nicht in Ihren Kontakten abgespeichert ist und dessen Mobilfunknummer Ihnen völlig fremd ist. Dieser Chatpartner hat Sie bereits in seinen Kontakten abgespeichert, deswegen kann er Ihnen einen Chat zusenden.

So erfahren Sie, um wen es sich hierbei handelt:

1. Tippen Sie auf dessen Profilbild ① im Fenster **CHATS**.

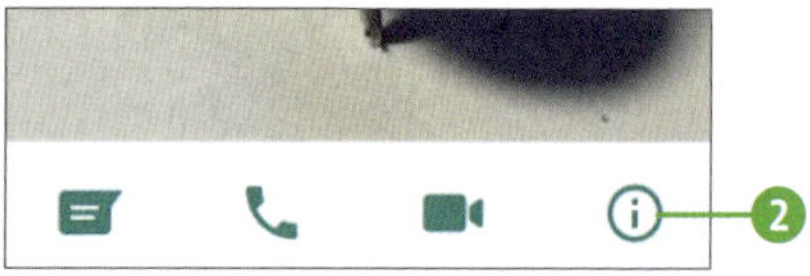

2. Durch Antippen des Info-Symbols ② im nun erscheinenden Fenster erfahren Sie Weiteres über diese Person, etwa den WhatsApp-Namen ③, den sich die Person gegeben hat.

3. Öffnen Sie den Chat mit dieser Person, können Sie diese sogleich zu Ihren Kontakten hinzufügen ④.

KAPITEL 4

Telefonieren mit WhatsApp

In WhatsApp können Sie ganz klassisch per Ton (Audio), aber auch per Bild (Video) telefonieren. Ein Sprachanruf (*Call*) und ein Videoanruf (*Video Call*) laufen im Prinzip gleich ab. Der Unterschied besteht darin, dass Sie während des Sprachanrufs lediglich das unbewegte Profilbild Ihres Gesprächspartners angezeigt bekommen. Beim Videoanruf wird automatisch die Kamera hinzugeschaltet, sodass jeweils ein Livebild der Gesprächspartner auf das andere Gerät übertragen wird. Von der Handhabung her macht es fast keinen Unterschied, ob Sie einen Sprachanruf oder einen Videoanruf tätigen oder entgegennehmen, die Möglichkeiten, die sich Ihnen dabei bieten, sind aber natürlich jeweils andere.

Voraussetzungen und Kosten beim Telefonieren über WhatsApp

Anrufe, ob nun per Stimme oder zusätzlich per Video, können nur geführt werden, wenn beide Partner online sind, d. h. bei einer aktiven Verbindung mit dem Internet – ob nun mobil oder per WLAN. Denn WhatsApp-Anrufe laufen über das sog. *Voice over IP (VoIP)*, welches man, frei übersetzt, mit *Internettelefonie* bezeichnen kann. Bitte beachten Sie, dass die Anruf-Funktion datenintensiv ist. Ein klassischer Sprachanruf schlägt mit bis zu 1,5 MByte pro Minute zu Buche, ein Videoanruf sogar mit bis zu 5 MBbyte für dieselbe Zeit. Diese Werte sind jedoch lediglich Anhaltspunkte und abhängig vom verwendeten Smartphone-Modell und dem darauf installierten Betriebssystem. Wer für einen Anruf seinen mobilen Datentarif verwendet, allerdings nur ein geringes Datenvolumen zur Verfügung hat oder innerhalb seines Tarifs für jedes MByte extra bezahlen muss, sollte auf diese Funktion eher verzichten bzw. seinen Datenverbrauch genauestens im Auge behalten.

Sind Sie dagegen mit einem kostenfreien WLAN verbunden, so fallen keine Gebühren an. Kostenfrei deswegen, weil es auch WLANs gibt, für deren Nutzung man bezahlen muss – wir haben schon Vermieter von Ferienwohnungen erlebt, die sich hier einen lukrativen Nebenverdienst verschaffen und 0,25 € pro MByte Datenverkehr abkassieren. Telefonieren Sie auf diese Weise per Videoanruf zehn Minuten lang, sind Sie bei verbrauchten 50 MByte (bei einem angenommenen Datenverbrauch von 5 MByte pro Minute) mal locker 10 € los. Versenden Sie dann gleich noch ein paar Fotos oder Videos über dieses kostenpflichtige WLAN, kommen gleich noch ein paar Euro zusammen. Für Schiffsreisende: Da die Internetverbindung auf hoher See meistens nicht gerade günstig ist, können auch hier erhebliche Kosten anfallen. Informieren Sie sich daher am besten vorher.

Roaming-Gebühren

Ein WhatsApp-Sprach- bzw. Videoanruf kann z. B. zur Vermeidung von Roaming-Gebühren durchaus lohnenswert sein, insbesondere dann, wenn man den Anruf über ein kostenfreies WLAN führt. Roaming-Gebühren fallen an, wenn Sie mit Ihrer inländischen SIM-Karte ein Mobilfunknetz im Ausland nutzen und Ihr Vertrag die dabei anfallenden Roaming-Gebühren nicht mit abdeckt. Trotz der EU-weiten Regelung, die das Entfallen der Roaming-Gebühren im Juni 2017 vorgesehen hat, sieht die Praxis anders aus. Die Regelung gilt nicht pauschal für alle Verträge und auch nicht unbedingt automatisch! Schauen Sie in Ihre Vertragsunterlagen, oder erkundigen Sie sich bei Ihrem Provider. **Beachten Sie**: Nicht nur für den Anrufer werden Roaming-Gebühren fällig, sondern auch für den Angerufenen, sollte dieser sich im Netz eines anderen Betreibers befinden! Ebenso fallen Kosten für denjenigen Angerufenen an, der ein kostenpflichtiges WLAN benutzt.

Unter **Menü ▸ Einstellungen ▸ Daten- und Speichernutzung** lässt sich der **Reduzierte Datenverbrauch** mittels Setzen eines Häkchens einstellen (die Einstellung befindet sich am unteren Bildschirmrand, Sie gelangen wie immer durch Scrollen dorthin).

Wird auf diese Weise der Datenverbrauch reduziert, leidet die Sprach- und Übertragungsqualität dabei allerdings deutlich – es kommt zu Rauschen und Verzögerungen. Man kann sagen, je besser die Internetverbindung, desto weniger störanfällig und qualitativ hochwertiger ist ein WhatsApp-Anruf. So kann es sogar sein, dass die Sprachqualität eines WhatsApp-Anrufs genauso gut ist wie bei einem »normalen« Telefonat, wenn Sie und Ihr Telefonchat sich jeweils in einem sehr schnellen und stabilen Datennetz befinden.

So rufen Sie einen Kontakt per Sprachanruf an

Einen Kontakt können Sie auf verschiedene Weise anrufen, unabhängig davon, ob es ein Sprach- oder Videoanruf sein soll. Gehen wir zunächst davon aus, dass Sie mit diesem Kontakt noch kein WhatsApp-Telefonat geführt, wohl aber schon gechattet haben. Somit ist dieser Kontakt im Fenster **CHATS** gelistet. Folgende zwei Möglichkeiten stehen Ihnen nun zur Verfügung:

Erste Möglichkeit:

1. Tippen Sie auf das Profilbild **1**.
2. Tippen Sie im folgenden Fenster auf die Symbolschaltfläche für einen Sprachanruf **2**; der Anruf erfolgt sogleich. Weiter geht es bei Schritt 3 auf Seite 68.)

Zweite Möglichkeit:

1. Beginnen Sie einen Chat mit einem im Fenster **CHATS** gelisteten Partner, so wie Sie es bereits im Abschnitt »Eine Chatnachricht schreiben, aufpeppen und versenden« ab Seite 31 gelernt haben.
2. Im Aktionsbalken tippen Sie auf das Sprachanruf-Symbol 1 und im nächsten Fenster auf **ANRUF** 2.

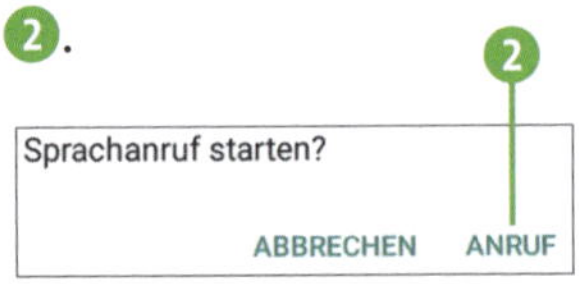

Nach beiden Möglichkeiten geht es wie folgt weiter:

3. Während des aktiven Sprachanrufs bekommen Sie den Namen des Gesprächspartners, dessen Profilbild und zudem die Dauer des aktuellen Anrufs 3 angezeigt.
4. Um den Anruf zu beenden, tippen Sie auf die Auflegen-Schaltfläche 4.

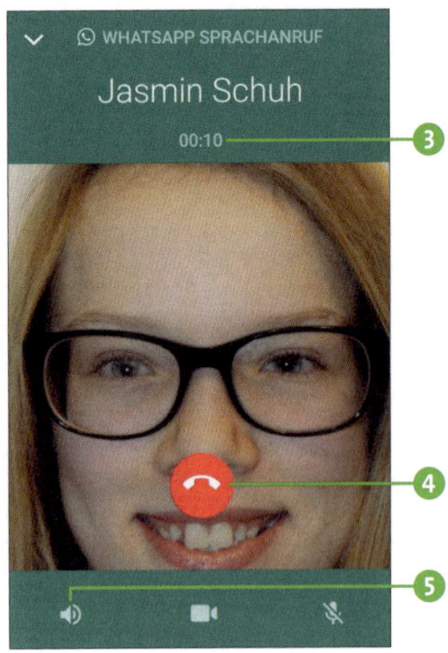

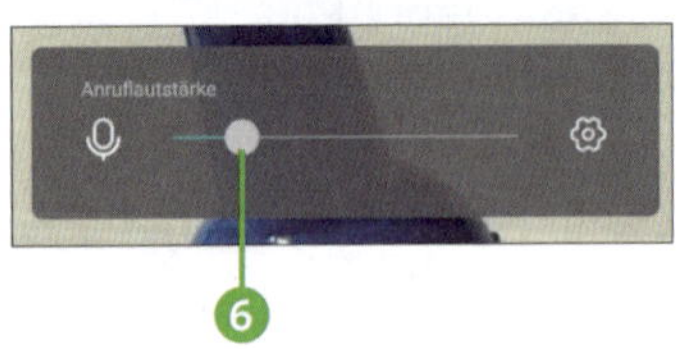

Beim Sprachanruf ist der Lautsprecher des Gerätes stummgeschaltet, da man sich beim Sprachanruf das Smartphone naturgemäß ans Ohr hält. Soll der Lautsprecher eingeschaltet werden, tippen Sie während des Sprachanrufs auf das Lautsprecher-Symbol 5 – der Gerätelautsprecher ist nun eingeschaltet. Zum Ausschalten tippen Sie erneut auf 5. Die Lautstärkereglung erfolgt in beiden Fällen über die Lauter- bzw. Leiser-Tasten Ihres Smartphones. Die gewählte Lautstärkestufe bekommen Sie auf Ihrem Display angezeigt 6.

So tätigen Sie einen Videoanruf

1. Führen Sie zunächst die zum Sprachanruf ab Seite 67 gezeigten Schritte 1 und 2 aus, rufen Sie also die Anruffunktion entweder über die Profilinfo Ihres Chatpartners oder gleich im Aktionsbalken auf – denn auch hier stehen Ihnen beide Möglichkeiten, einen Anruf zu beginnen, zur Verfügung. Entscheiden Sie sich dieses Mal aber für einen **Videoanruf**, indem Sie auf das Video-Symbol 1 tippen.
2. Führen Sie nun Ihren Videoanruf. Hierbei sehen Sie Ihren Gesprächspartner im großen Livevideobild 2 und sich selbst im kleinen Bild unten rechts 3.

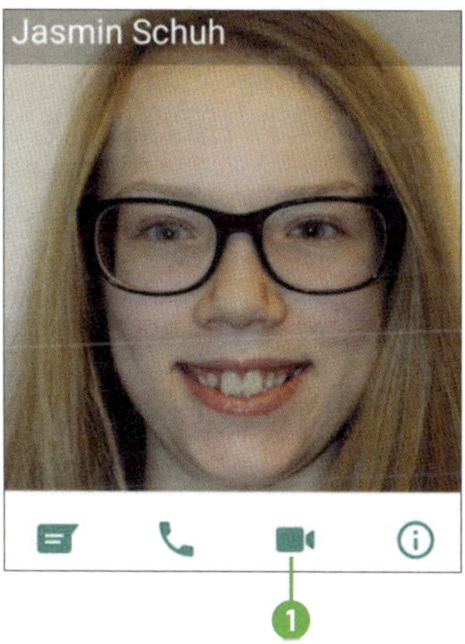

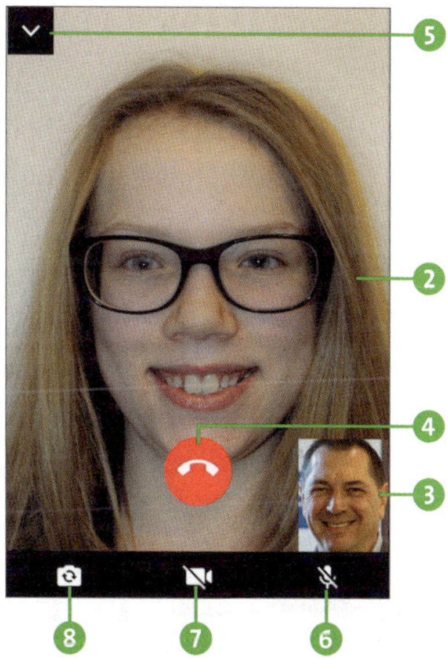

3. Während der ersten Sekunden des Videoanrufs wird auf Ihrem Bildschirm die rote Auflegen-Schaltfläche 4 angezeigt; diese verschwindet anschließend aber. Um das Gespräch dennoch von sich aus zu beenden, berühren Sie kurz die Mitte des Bildschirms. Die Auflegen-Schaltfläche erscheint erneut. Tippen Sie zum Beenden des Videoanrufs darauf.

Während es bei Ihrem Gesprächspartner »klingelt«, sehen Sie zunächst in Ihrem Display ein vollflächiges Livevideo von sich selbst. Dieses wird von der Frontkamera aufgenommen (vorausgesetzt, die Frontkamera ist auch tatsächlich auf Sie ausgerichtet). Nimmt Ihr Gesprächspartner das Gespräch an, »schrumpft« Ihr eigenes Livevideobild auf Briefmarkengröße (siehe 3 auf Seite 69), und Ihr Gesprächspartner wird nunmehr vollflächig live angezeigt (2 auf Seite 69).

Diese Ansichten können Sie durch Antippen des kleinen Bildes ändern – Sie selbst nehmen dann die Displayfläche ein, und das Livebild Ihres Gegenübers schrumpft. Auf die gleiche Weise können Sie das auch wieder umkehren.

Sowohl während eines Sprachanrufs als auch bei einem Videoanruf stehen dem Anrufer wie dem Angerufenen jeweils folgende Schaltflächen zur Verfügung – hier am Beispiel des Videoanrufs erklärt:

- Wenn Sie auf das Pfeil-Symbol oben links (5 auf Seite 69) tippen, haben Sie parallel zum aktiven Anruf die Möglichkeit, mit dem Gesprächspartner einen Chat zu eröffnen. Dabei bieten sich Ihnen sämtliche Möglichkeiten des Chattens, die Sie in Kapitel 3, »Los geht's: Chatten mit Text, Sprache, Bildern«, ab Seite 31 kennengelernt haben. So können Sie z. B. dem Gesprächspartner Ihren Standort übermitteln und gleichzeitig einige telefonische Erklärungen dazu abgeben. Befinden Sie sich während des Anrufs im Chat, bekommen Sie auf Ihrem Display die Meldung **Tippe, um zum Anruf zurückzukehren** angezeigt.

  Folgen Sie dieser Aufforderung und tippen darauf, wird der Chat beendet, der Anruf jedoch weitergeführt. Bei Ihrem Gesprächspartner wird übrigens, während Sie einen Chat durchführen, die Videoübertragung angehalten; er sieht ein »eingefrorenes« Bild mit dem Hinweis, dass das Video angehalten wurde.

- Beim Videoanruf ist der Lautsprecher automatisch eingeschaltet; die Lautstärkereglung erfolgt über die Lauter- bzw. Leiser-Taste Ihres Smartphones. Mit Antippen des durchgestrichenen Mikrofon-Symbols 6 schalten Sie Ihr eigenes Mikrofon stumm bzw. auch wieder aktiv. Das gilt auch für Ihren Gesprächspartner. Sie bzw. Ihr Gesprächspartner erhalten dann eine entsprechende Meldung auf dem Bildschirm. Durch nochmaliges Antippen von wird das jeweilige Mikrofon wieder aktiv.

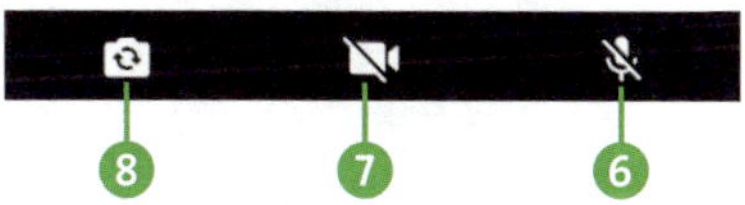

- Tippen Sie oder Ihr Partner auf das durchgestrichene Kamera-Symbol 7, so verhält es sich wie beim Stummschalten des Mikrofons, nur dass hierbei nun die Video- und nicht die Tonübertragung geregelt wird.
- Über das Wechseln-Symbol 8 stellen Sie ein, ob die Videoübertragung über die Front- oder die Hauptkamera des Smartphones stattfinden soll. Voreingestellt ist meistens die Frontkamera – das ist diejenige, die sich auf der Displayseite befindet und also in aller Regel Sie selbst aufnimmt. Möchten Sie Ihrem Gesprächspartner während des Gesprächs z. B. die Umgebung zeigen, stellen Sie auf die Hauptkamera (auf der Geräterückseite) um.

Einen Anruf entgegennehmen oder ablehnen

Über einen eingehenden Anruf werden Sie durch ein akustisches Signal informiert – es klingelt. (Siehe hierzu auch die Ausführungen zu »Benachrichtigungen« im Abschnitt »Alles eine Frage der Einstellungen« ab Seite 27 unten.) Zudem sehen Sie auf Ihrem Display, dass Sie angerufen werden (siehe die Abbildung auf der folgenden Seite). Dabei werden der Name des Anrufers 1, die Art des Anrufs (hier im Beispiel ein **Sprachanruf** 2) und das Profilbild des Anrufers 3 angezeigt.

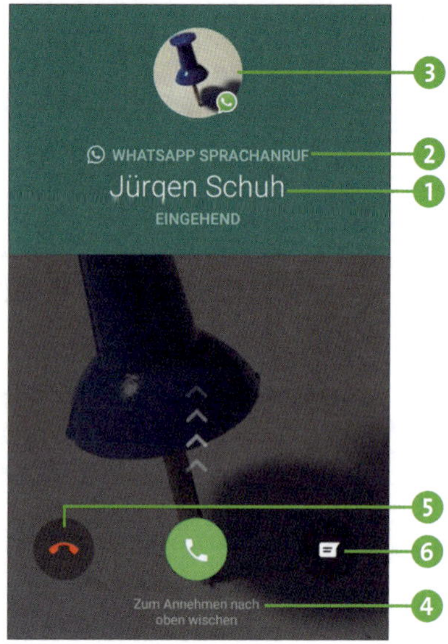

Nun haben Sie drei Optionen:

1. Möchten Sie den Anruf annehmen, folgen Sie der Anweisung **Zum Annehmen nach oben wischen** 4, wischen Sie also vom grünen Telefonhörer-Symbol aus nach oben; das Gespräch kommt zustande. Führen und beenden Sie das Gespräch, wie Sie es bereits kennengelernt haben.
2. Ziehen Sie dagegen das rote Telefonhörer-Symbol 5 nach oben, wird der Anruf abgebrochen. Gleichzeitig erscheint die Meldung **Zum Ablehnen nach oben wischen**, der Sie nun folgen können.
3. Alternativ zum Abbruch des Anrufs über das rote Telefonhörer-Symbol können Sie dem Anrufer auch eine Textnachricht übermitteln. Das ist in aller Regel höflicher, als bloß den Anruf abzubrechen, denn hier können Sie angeben, warum Sie den Anruf zurzeit nicht entgegennehmen können. Ziehen Sie dazu die Schaltfläche 6 nach oben; Sie sehen die Meldung **Zum Antworten nach oben wischen**. Wischen Sie nach oben, bekommen Sie vorgefertigte Texte auf dem Display angezeigt 7. Durch Antippen eines solchen Textes wird dieser versendet und dadurch zugleich der Anruf beendet. Der Anrufer bekommt die Nachricht unverzüglich als Textchat angezeigt. Wählen Sie hier die Option **Eigene Antwort schreiben…** 8, öffnet sich ein Eingabefeld, und Sie können dem Anrufer nun einen individuellen Text schreiben. Auch dabei wird der Anruf automatisch beendet.

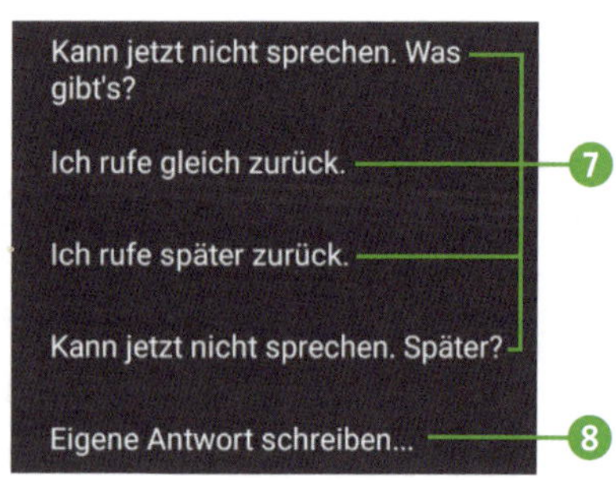

Das Gegenüber nicht erreicht oder einen Anruf verpasst?

Hat es »durchgeklingelt« und Ihr Gegenüber nicht auf Ihren Anruf reagiert, stehen Ihnen auf dem Display folgende Optionen zur Auswahl:

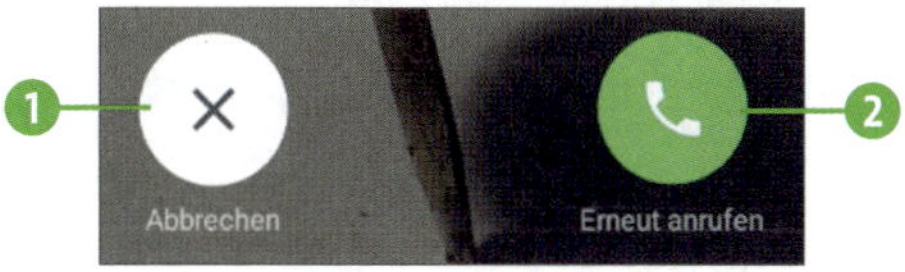

1 Brechen Sie die Aktion ab – Sie landen wieder im Ausgangsfenster.

2 Rufen Sie erneut an.

Sie erreichen Ihr Gegenüber z. B. nicht, wenn er die Annahme des Gesprächs ablehnt oder wenn sich der Anruf nach einer gewissen Klingeldauer von selbst beendet.

Über einen verpassten Anruf werden Sie benachrichtigt: zum einen erhalten Sie einen Hinweis in Ihrem **CHATS**-Fenster 1, zum anderen erscheinen verpasste Anrufe im **ANRUFE**-Fenster 2. Näheres zu den Benachrichtigungsarten erfahren Sie im Abschnitt »Alles eine Frage der Einstellungen« ab Seite 27.

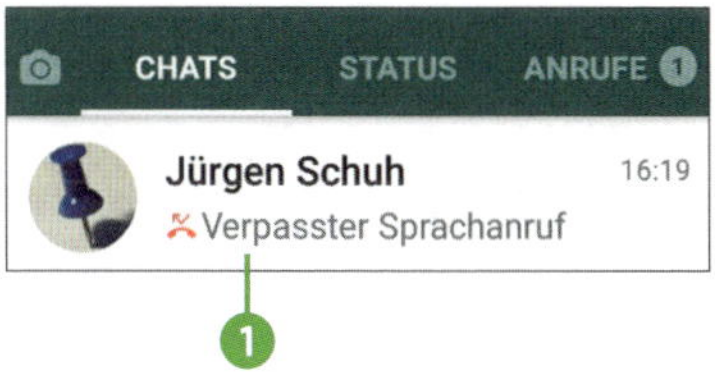

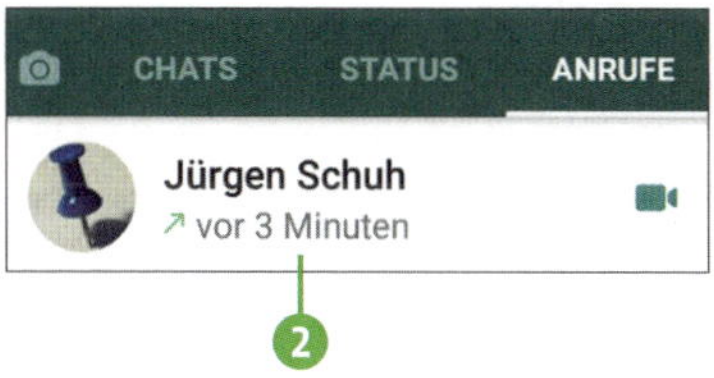

Anrufe abrufen oder löschen

Das Fenster **ANRUFE** füllt sich mit jedem Anruf; unerheblich, ob er zustande gekommen ist oder nicht. Hier, im Fenster **ANRUFE**, können Sie auch direkt ein Gespräch beginnen – tippen Sie beim angezeigten Kontakt auf das Telefonhörer- bzw. Kamera-Symbol (1 auf Seite 74).

Zu jedem im Fenster **ANRUFE** gelisteten Anruf können Sie sich zudem Einzelheiten wie die Dauer und den Datenverbrauch 2 anzeigen lassen – tippen Sie hierzu auf den Namen des Kontakts, und Sie gelangen in die **Anruf-Info**. Auch aus dieser Detailanzeige heraus ist ein Anruf möglich. Je nach angezeigtem Symbol können Sie einen Sprachanruf tätigen oder wie hier im Beispiel einen Videoanruf 3 initiieren.

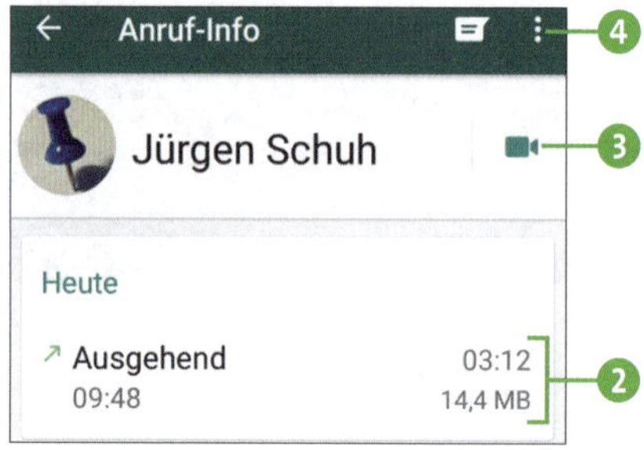

Um einzelne oder mehrere Anrufe aus der Liste im Fenster **ANRUFE** zu löschen, markieren Sie diese per Fingertipp und tippen anschließend auf das im Aktionsbalken erscheinende Mülleimer-Symbol. Um gleich die komplette Anrufliste in einem Rutsch zu leeren, rufen Sie das Menü 4 im Fenster **ANRUFE** auf und tippen auf **Anrufliste leeren** 5. Nachdem Sie im nächsten Fenster mit **OK** 6 bestätigt haben, finden sich keine gelisteten Anrufe mehr im Fenster.

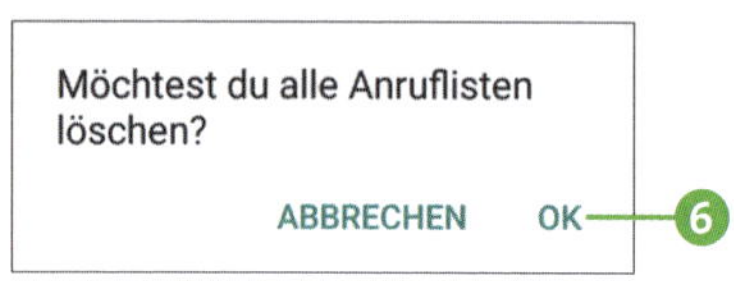

Durch Antippen des Symbols im **ANRUFE**-Fenster gelangen Sie in Ihre Favoritenliste 1 (Näheres hierzu lesen Sie im Abschnitt »Die Favoritenliste füllen« ab Seite 17). Auch hier können Sie durch Antippen des entsprechenden Symbols einen Kontakt per Sprach- 2 oder Videotelefonie 3 anrufen.

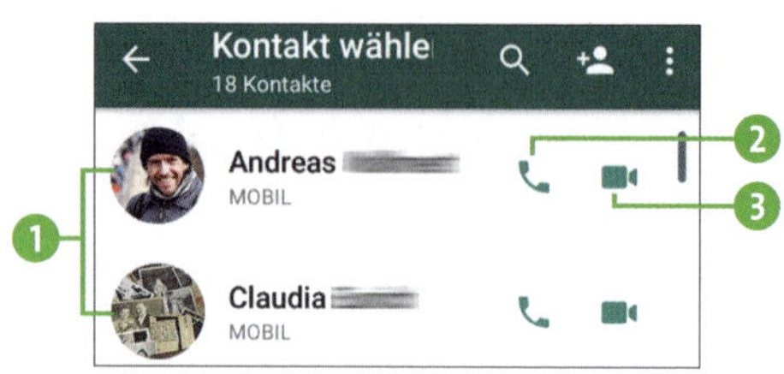

Zwischen einem Video- und Sprachanruf hin und her wechseln

Wenn Sie während eines Sprachanrufs zu einem Videoanruf wechseln möchten, gehen Sie wie folgt vor:

1. Tippen Sie auf das Kamera-Symbol ❶ am unteren Bildschirmrand, und bestätigen Sie die Frage **Zu Videoanruf wechseln?** durch Tippen auf **WECHSELN** ❷.

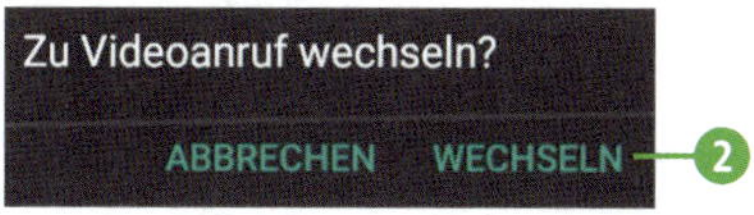

2. Sie erhalten nun die Information: **Wechsel zu Videoanruf wird angefordert**, die Sie an dieser Stelle ggf. noch abbrechen können.

3. Ihr Telefonpartner wird unterdessen darüber informiert, dass Sie zu einem Videoanruf wechseln möchten. Ist er damit einverstanden, befolgt er die Bildschirmanweisung auf seinem Smartphone und wischt das Kamera-Symbol ❸ in Richtung der Pfeile nach oben. Dadurch wird aus dem Sprachanruf ein Videotelefonat.

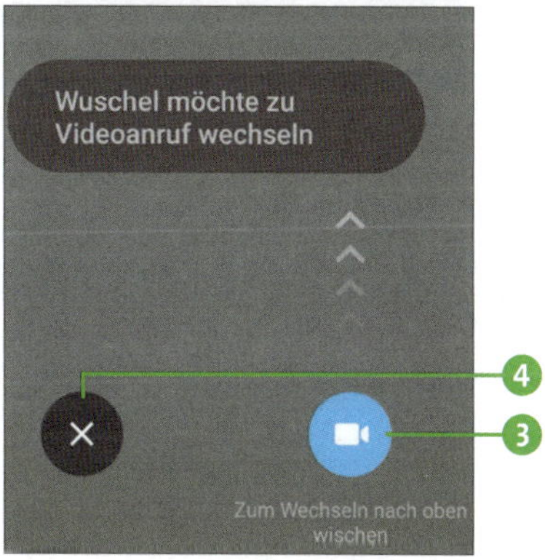

4. Möchte Ihr Gesprächspartner nicht zur Videotelefonie wechseln, lehnt er dieses ab, indem er, ausgehend vom Kreuz-Symbol ❹, nach oben wischt. Der Sprachanruf bleibt ein Sprachanruf, und Sie bekommen die Information **Anfrage abgelehnt** auf dem Bildschirm angezeigt. Die Anrufverbindung selbst bleibt dabei bestehen.

Ohne jede weitere Nachfrage können Sie oder Ihr Gesprächspartner von einem Videoanruf zu einem Sprachanruf wechseln. Dazu reicht ein Antippen des Kamera-Symbols am unteren Bildschirmrand. Um anschließend doch wieder zum Videotelefonat zu wechseln, gehen Sie wie auf Seite 75 beschrieben vor.

KAPITEL 5

Alles zu Gruppenchats und Broadcasts

Möchten Sie mehrere Personen an einem Chat teilnehmen lassen, sodass sich alle Teilnehmer untereinander sehen und auch miteinander chatten können, so erstellen Sie einen Gruppenchat und laden die Kontakte Ihrer Wahl dazu ein.

Erstellen Sie hingegen eine Broadcast-Liste mit mehreren Kontakten und versenden darüber Chats, sehen sich die Empfänger gegenseitig nicht. Broadcast-Listen sind nichts anderes als eine Liste von Nachrichtenempfängern, vergleichbar mit einer Verteilerliste bei E-Mails. Bekommen Sie hierauf Antworten, sehen auch nur Sie die jeweilige Antwort. Für die Teilnehmer Ihrer Broadcast-Liste sieht es so aus, als würden sie von Ihnen einen Einzelchat erhalten.

Chef im Ring – einen Gruppenchat erstellen

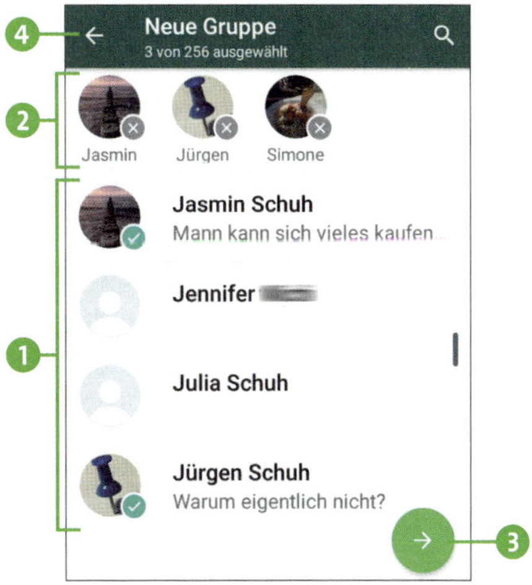

Sie können unbegrenzt viele Gruppen erstellen – es gibt kein Limit. Eine Gruppe besteht aus mindestens zwei und höchstens 256 Teilnehmern (Sie eingeschlossen).

So erstellen Sie eine WhatsApp-Gruppe:

1. Öffnen Sie im Fenster **CHATS Menü ▸ Neue Gruppe**.
2. Wählen Sie Ihre Teilnehmer aus der Kontaktliste durch Antippen

aus. Auf dem Profilbild des jeweils ausgewählten Namens erscheint ein Häkchen (❶ auf Seite 77), zudem werden die ausgewählten Teilnehmer oben in einer Auflistung (❷ auf Seite 77) angezeigt. Zum Entfernen eines bereits ausgewählten Teilnehmers tippen Sie entweder nochmals auf den betreffenden Teilnehmernamen in der Kontaktliste (dann verschwindet das Häkchen wieder), oder Sie tippen auf den entsprechenden Teilnehmer oben in der Auswahl.

3. Bestätigen Sie Ihre Auswahl schließlich durch Antippen der Weiter-Schaltfläche → (❸ auf Seite 77), oder brechen Sie alles, wenn Sie es sich doch noch einmal anders überlegt haben, durch den Pfeil oben links ← (❹ auf Seite 77) oder auch durch das Betätigen der Zurück-Taste Ihres Smartphones ab.

4. Im nun erscheinenden Bildschirm geben Sie einen **Gruppenbetreff** (das ist der Gruppenname) ❺ ein – wenn Sie möchten, mitsamt Emojis ❻. Über das Kamera-Symbol ❼ links des Gruppenbetreffs können Sie auch noch ein **Gruppenbild** hinzufügen.

Nach Antippen des Kamera-Symbols ❼ haben Sie folgende Möglichkeiten:

Ein neues Bild nehmen Sie durch Tippen auf **Kamera** ❽ auf; befindet sich bereits ein geeignetes Bild auf Ihrem Smartphone, fügen Sie es über die **Galerie** ❾ ein. Möchten Sie das Internet nach einem geeigneten Bild durchsuchen, tippen Sie auf **Im Web suchen** ❿. Entscheiden Sie sich doch gegen ein Gruppenbild, tippen Sie auf **Abbrechen**.

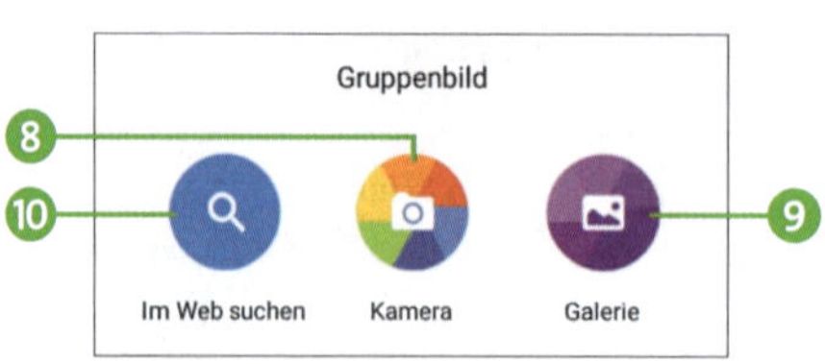

Möchten Sie im Web nach einem Bild suchen, gehen Sie wie folgt vor:

1. Tippen Sie auf **Im Web suchen** (⑩ auf Seite 78).
2. Es öffnet sich ein Fenster, in dem als Suchbegriff Ihr **Gruppenbetreff** (Gruppenname) bereits automatisch eingetragen ist ①. Möchten Sie nach etwas anderem suchen, was die Regel sein wird, löschen Sie den automatischen Eintrag über die Löschen-Taste ⌫ ② Ihrer Tastatur; der Cursor ③ ist dafür bereits rechts neben dem Eintrag platziert. Alternativ dazu löschen Sie den Eintrag über das Kreuz ④ rechts oben im Aktionsbalken.

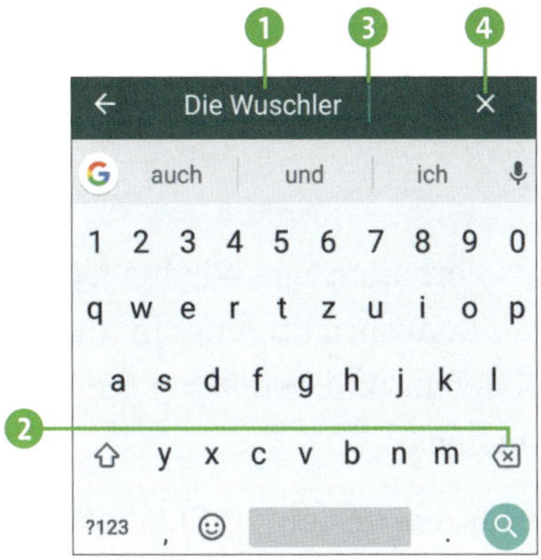

3. Geben Sie schließlich Ihren Suchbegriff ⑤ ein.
4. Aus dem nun angezeigten Ergebnis übernehmen Sie ein Bild ⑥ durch Antippen.
5. Nun besteht die Möglichkeit, das Bild zuzuschneiden ⑦ und zu drehen ⑧ – wie Sie es im Abschnitt »Bilder, Videos und GIFs versenden« ab Seite 45 (siehe Schritt 6) gelernt haben.

6. Schließen Sie Ihre Bildbearbeitung durch Tippen auf **FERTIG** (9 auf Seite 79) ab.
7. Bestätigen Sie schließlich Ihre Eingaben mit der Schaltfläche ✓, ist die Gruppe auch schon erstellt, und Sie können sofort mit dem Chatten loslegen.

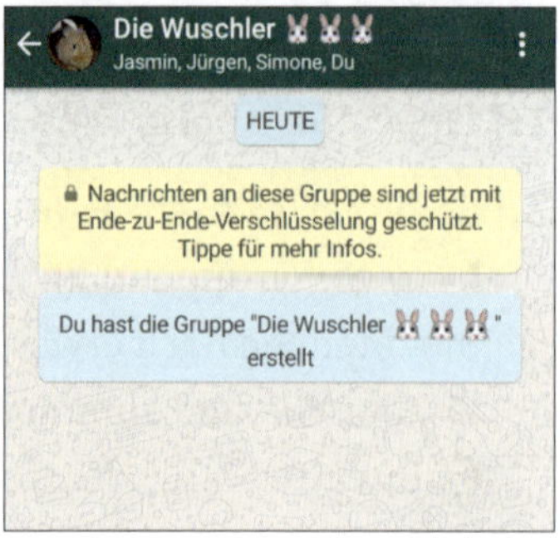

Der Gruppenbetreff bzw. Gruppenname erscheint in Ihrem **CHATS**-Fenster. Sie sind der *Gruppenadministrator*.

Gruppenmitglied werden

Werden Sie einer Gruppe hinzugefügt, so erhalten Sie, wie bei jedem »gewöhnlichen« Einzelchat auch, eine Benachrichtigung in Ihrem **CHATS**-Fenster. Öffnen Sie den Gruppenchat, und beteiligen Sie sich so an der Planung etwa des nächsten Ausflugs.

Prinzipiell können alle Gruppenmitglieder den gesamten Chat lesen – das ist ja auch Sinn und Zweck des Gruppenchats. Darüber hinaus gibt es aber auch die Möglichkeit, einzelne Personen einer Gruppe gezielt anzusprechen – entweder so, dass die Gruppe es mitbekommt oder eben nicht.

Wenn Sie einen einzelnen Chatpartner im Gruppenchat gezielt ansprechen möchten, um z. B. auf eine im Chat irgendwann gestellte und nun schon zurückliegende Frage zu antworten, bietet Ihnen WhatsApp dazu folgende komfortable Möglichkeit:

1. Schreiben Sie im Gruppenchat ein @-Zeichen 1 in das Eingabefeld. WhatsApp erkennt, dass Sie jemanden gezielt innerhalb

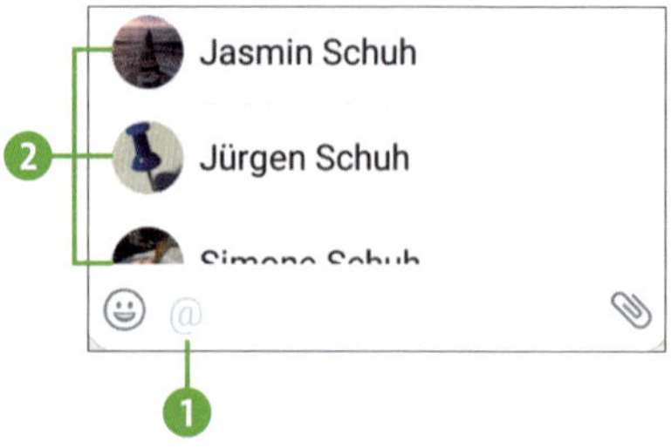

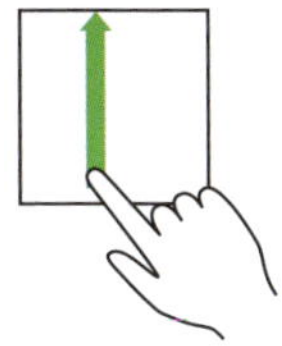

der Gruppe ansprechen wollen, und listet Ihnen die Gruppenmitglieder ② auf. Scrollen Sie, wenn nötig, durch die Liste.

2. Tippen Sie auf den Namen des gewünschten Mitglieds, und schreiben Sie den Chat. Natürlich können Sie nun auch Emojis ③ und Anhänge ④ hinzufügen. Den Text stellen Sie mit der Schaltfläche **Senden** ▶ in die Gruppe.

Das Mitglied ⑤ erkennt, dass es gezielt angesprochen wurde, gleichwohl können alle anderen Gruppenmitglieder den Chat lesen (und sehen, wer gemeint ist).

Es ist aber auch möglich, aus dem Gruppenchat heraus einem Gruppenmitglied eine private Nachricht in Form eines Einzelchats zu senden, der den anderen Gruppenmitgliedern verborgen bleibt. Dazu gehen Sie folgendermaßen vor:

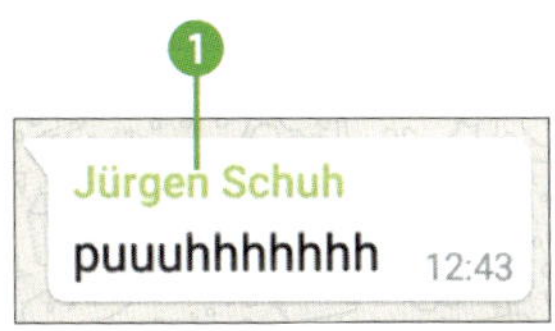

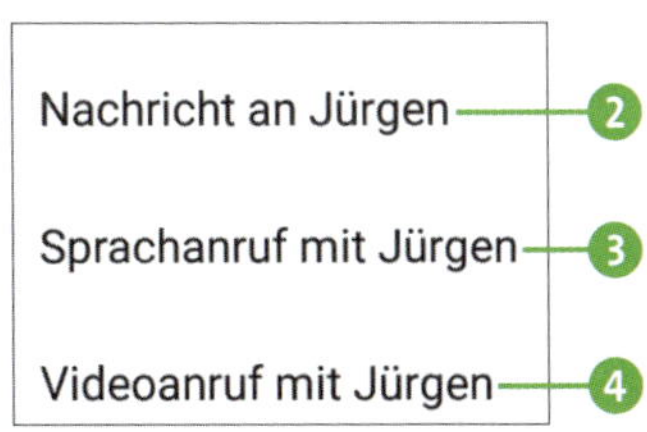

1. Öffnen Sie den Gruppenchat mit dem Chatbeitrag desjenigen Kontakts, mit dem Sie einen Einzelchat führen möchten. Tippen Sie hier auf den Namen des Kontakts ①. Es öffnet sich ein Fenster mit verschiedenen Optionen.
2. Entscheiden Sie sich, in welcher Form Sie mit dem Kontakt in Verbindung treten möchten. Durch Antippen von **Nachricht an ...** ② öffnet sich das Eingabefenster mit dem entsprechenden Einzelchat. Hier können Sie Ihrem Kontakt nun wie üblich eine Chatnachricht übermitteln.

3. Alternativ können Sie hier nun sogar durch Antippen der beiden weiteren Optionen (siehe die Abbildung auf Seite 81 unten) entweder Ihren Kontakt anrufen ❸ oder ein Videotelefonat ❹ mit ihm führen – so wie Sie es im vorigen Kapitel gelernt haben.

Unbekannte in der Gruppe

Auch das kann geschehen: Sie wurden in eine Gruppe aufgenommen, und nicht alle Gruppenmitglieder sind auch schon in Ihren Kontakten gespeichert. Im Unterschied zum Einzelchat (siehe dazu den Abschnitt »Sie erhalten einen Chat von einem Unbekannten« auf Seite 64), bei dem Sie den WhatsApp-Namen, den sich die Person gegeben hat, nicht sofort sehen, wird er Ihnen im Gruppenchat rechts neben der Mobilfunknummer angezeigt ❶.

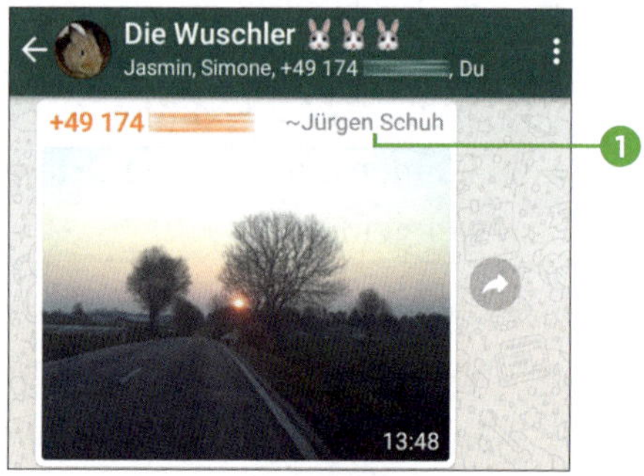

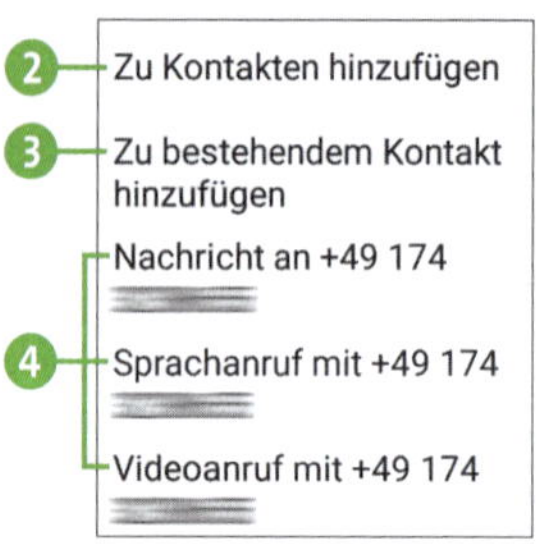

Tippen Sie auf die Mobilfunknummer des »Unbekannten«, so bietet sich Ihnen in einem neu geöffneten Fenster die Möglichkeit, diesen Kontakt als neuen Kontakt ❷ oder auch unter einem bereits vorhandenen Kontakteintrag in Ihrem Adressbuch zu speichern ❸ bzw. direkt mit ihm in Verbindung zu treten ❹.

Natürlich ist es, wie im Abschnitt »Gruppenmitglied werden« ab Seite 80 erklärt, auch möglich, unbekannte Gruppenmitglieder mittels Einfügen des @-Zeichens direkt anzusprechen. Der Kontakt wird dann zwar nicht namentlich, aber mit seiner Mobilfunknummer gelistet. Zudem können Sie auch hier aus dem Gruppenchat heraus einen privaten Einzelchat senden.

Gruppenadministrator oder Gruppenteilnehmer – wer darf was?

In einem Gruppenchat wird zwischen dem *Gruppenadministrator*, also dem »Gründer« der Gruppe, und den *Gruppenteilnehmern* unterschieden. Auch wenn der »Admin« über etwas weiter reichende Gruppenrechte verfügt (siehe dazu ab Seite 86), gibt es viele Gemeinsamkeiten:

- Beim Chatten sind Admin und Teilnehmer gleichrangig – jeder darf an jeden alles chatten, sprich: versenden, empfangen und weiterleiten. Gruppenchats können auch nach »draußen«, also an Nichtgruppenteilnehmer, weitergeleitet werden.

- Beide können Informationen über die Gruppe abrufen und hier Änderungen vornehmen. Begeben Sie sich hierzu in den Gruppenchat, und tippen Sie auf den Aktionsbalken ❶, der den Gruppennamen und die Gruppenmitglieder enthält. Es öffnet sich die **Gruppeninfo** (diese können Sie auch über das **Menü** aufrufen – tippen Sie hierzu im **CHATS**-Fenster auf **Menü** ❷ und dann auf **Gruppeninfo**).
- Innerhalb der **Gruppeninfo** ist es möglich, durch Antippen des Stift-Symbols ❸ den Betreff (Gruppennamen) zu ändern.

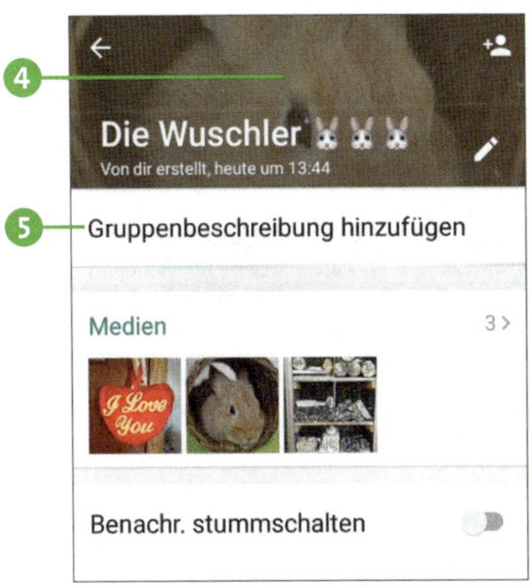

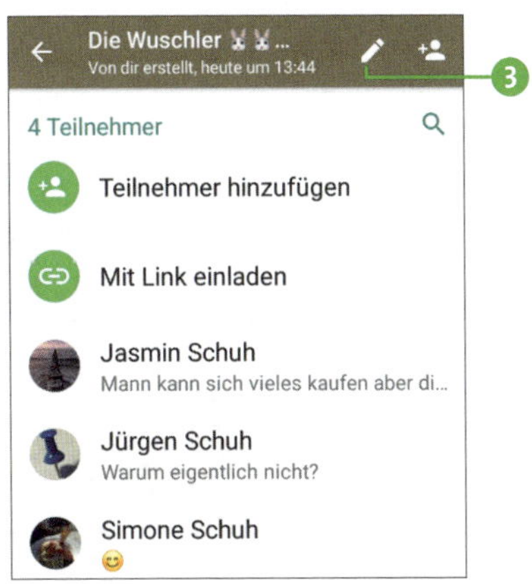

- Durch Tippen auf das Gruppenbild (4 auf Seite 83) öffnet sich ein neues Fenster – hier ist es möglich, durch Antippen des Stift-Symbols dort, ein anderes Gruppenbild zu erstellen oder auszuwählen (siehe dazu auch den Abschnitt »Chef im Ring – einen Gruppenchat erstellen« ab Seite 77).
- Direkt unter dem Gruppenbild haben Sie die Möglichkeit, eine Gruppenbeschreibung zu erstellen (5 auf Seite 83).

Dazu gehen Sie wie folgt vor:

1. Öffnen Sie den Dialog durch Antippen von **Gruppenbeschreibung hinzufügen** (5 auf Seite 83).
2. Tippen Sie in das Feld **Gruppenbeschreibung hinzufügen** 6, und geben Sie Ihre Beschreibung der Gruppe über die Tastatur ein.
3. Tippen Sie anschließend auf **OK** 7.

Die Beschreibung ist nun in der Gruppeninfo für alle Teilnehmer ersichtlich 8. Auch wenn ein Kontakt der Gruppe hinzugefügt wird, sieht er die Gruppenbeschreibung 9.

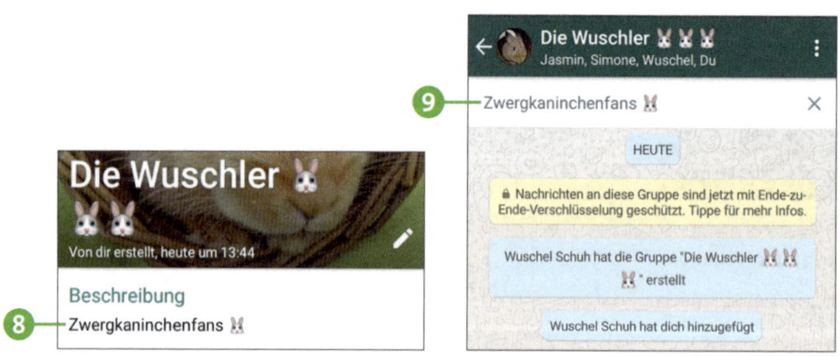

Im Fenster, zu dem Sie durch Tippen auf das Gruppenbild in der Gruppeninfo gelangen, sehen Sie zudem, welche **Medien** innerhalb der Gruppe gechattet wurden ❶.

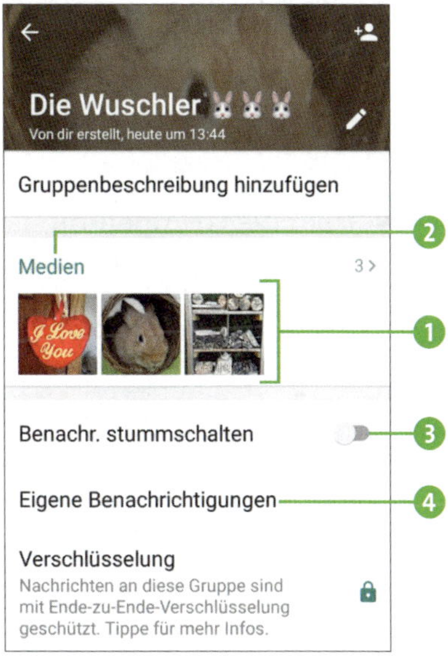

1. Tippen Sie auf eine solche Mediendatei (sei es ein Bild, ein Video oder jede andere beliebige Datei), so öffnet sich diese. Ein Video wird beispielsweise sofort abgespielt.
2. Tippen Sie auf das Wort **Medien** ❷, erhalten Sie einen Gesamtüberblick über alle Gruppenmedien. Per Antippen des Pfeils oben links kehren Sie zum Bildschirm **Gruppeninfo** zurück.
3. Hier können Sie Nachrichten der Gruppe mit dem Schieberegler **Benachrichtung stummschalten** ❸ abschalten oder unter **Eigene Benachrichtigungen** ❹ individuelle Gruppenbenachrichtigungen erstellen.
4. Scrollen Sie weiter nach unten, sehen Sie die Gruppenteilnehmer mitsamt ihrer »Info« ❺. Durch Antippen des Namens können Sie aus diesem Bildschirm heraus mit den jeweiligen Teilnehmern einen Einzelchat beginnen.
5. Wollen Sie an der Gruppe nicht mehr teilnehmen, tippen Sie auf **Gruppe verlassen** ❻. Damit sind

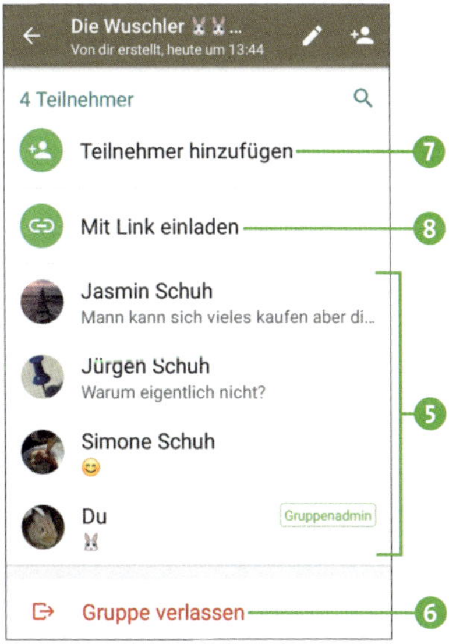

Sie »draußen« und können nur wieder durch einen Admin aufgenommen werden. Die Gruppe verbleibt aber in Ihrer Chatliste, und Sie können sich die Chats bis zum Zeitpunkt, zu dem Sie die Gruppe verlassen haben, weiterhin ansehen. Anschließend können Sie die Gruppe auch aus Ihrer Chatliste löschen.

Als Gruppenadministrator stehen Ihnen zusätzlich folgende Gruppenrechte zu:

- Über die **Gruppeninfo** lassen sich weitere Teilnehmer hinzufügen. Tippen Sie auf **Teilnehmer hinzufügen** (7 auf Seite 85), und fügen Sie einen Teilnehmer durch Auswahl aus Ihrer Kontaktliste direkt hinzu. Möchten Sie diesen Kontakt nicht ungefragt zum Mitglied machen, nutzen Sie stattdessen die Option **Mit Link einladen** (8 auf Seite 85). Versenden Sie zunächst eine Einladungsnachricht, und warten Sie die Antwort ab. Manche Leute mögen nicht ungefragt Gruppen hinzugefügt werden. Im Abschnitt »Einen Kontakt zu einer Gruppe einladen« ab Seite 87 zeigen wir Ihnen diese Möglichkeit im Detail.
- Tippen Sie auf den Namen eines Gruppenmitglieds, so können Sie diesem ebenso Admin-Rechte verleihen (Sie verlieren die Ihren dadurch nicht).
- Zudem können Sie als Admin ein Mitglied aus der Gruppe entfernen. Das Mitglied kann dann zwar noch die alten Chats lesen, jedoch ab diesem Zeitpunkt nicht mehr aktiv am Gruppenleben teilnehmen (empfangen, senden, weiterleiten, ändern etc.).
- Falls Sie selbst als Admin die Gruppe verlassen und die Admin-Rechte vorher nicht an ein anderes Mitglied verliehen haben, kürt WhatsApp ein Gruppenmitglied zum Administrator. Sie selbst können der Gruppe dann nicht mehr von sich aus beitreten; das geht wieder nur über einen Admin, der Sie wieder hinzufügen muss.
- Nachdem Sie als Admin alle Teilnehmer aus der Gruppe entfernt haben, können Sie die Gruppe auch löschen.

Gruppe verlassen – und wo sind die Dateien?

Haben Sie als Admin oder als Teilnehmer die Gruppe verlassen, verbleiben die gechatteten Mediendateien (Bilder, Videos, Audios usw.) dennoch auf Ihrem Smartphone gespeichert. Wie Sie an diese »herankommen«, lesen Sie im Abschnitt »Wo eigentlich sichert WhatsApp die Dateien, und wie kann ich auf diese zugreifen?« ab Seite 106.

Im **Menü** sowie in der **Gruppeninfo** finden Sie weitere Einstellungsmöglichkeiten. Da Sie diese sowohl für Gruppen- als auch Einzelchats vornehmen können, erfahren Sie dazu mehr in Kapitel 6, »Wissenswertes und Nützliches rund um WhatsApp«, ab Seite 91.

Einen Kontakt zu einer Gruppe einladen

Es gibt recht viele Möglichkeiten, einen Kontakt zu WhatsApp bzw. zur Teilnahme an einem Gruppenchat einzuladen. Im Folgenden beschreiben wir beispielhaft eine sehr gängige Praxis:

1. Tippen Sie im Fenster **Gruppeninfo** auf **Mit Link einladen** ❶.

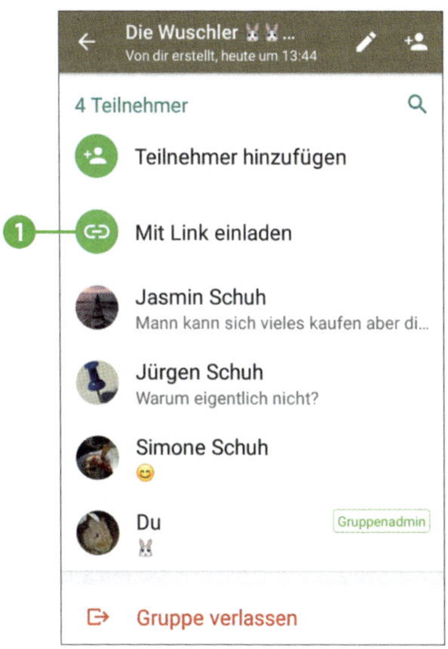

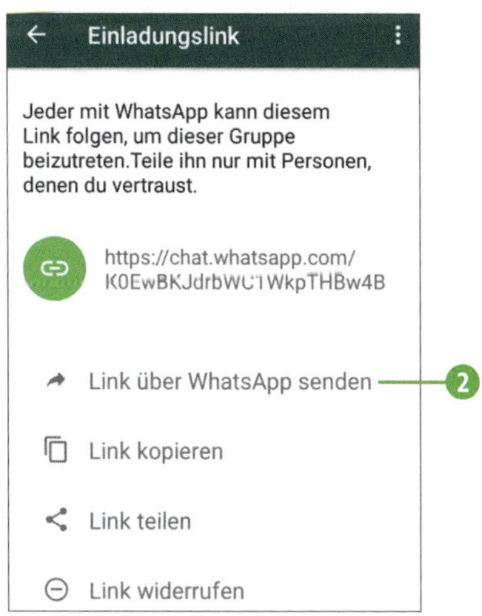

2. In unserem Beispiel entscheiden wir uns für die Möglichkeit **Link über WhatsApp senden** ((2) auf Seite 87) und tippen darauf.

3. Es öffnet sich Ihre Favoritenliste; wählen Sie einen oder mehrere Kontakte (3) aus, und bestätigen Sie mit .

4. Im Chat sehen Sie nun nochmals den Einladungslink (4). Tippen Sie auf **Senden** (5), um den Kontakt einzuladen.

5. Den Link versenden Sie übrigens als Einzelchat. Der Empfänger erhält die Einladung zum Gruppenchat nebst Einladungslink (6) also von Ihnen persönlich und sieht Sie daher auch als Absender des Chats (7).

6. Tippt der Eingeladene auf den Link oder auf **Gruppe beitreten** (8), öffnet sich eine »Mini«-Gruppeninfo.

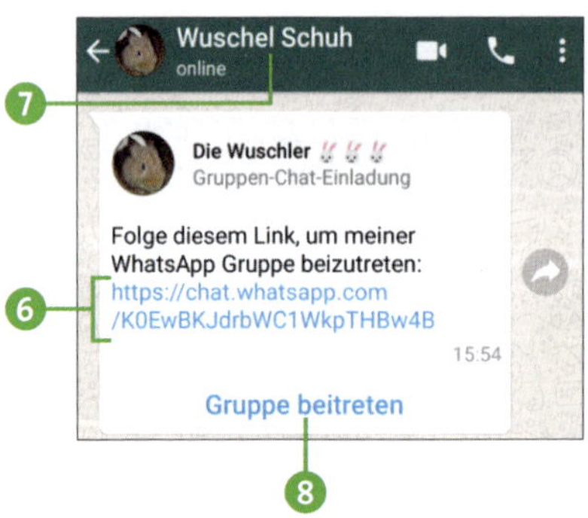

7. Hier entscheidet sich der eingeladene Kontakt nun, ob er der Gruppe beitritt (9) oder nicht (10).

Eine Broadcast-Liste erstellen

Sie können beliebig viele Broadcast-Listen erstellen und haben auch hier Admin-Rechte. Eine Broadcast-Liste besteht aus mindestens zwei und höchstens 256 Empfängern.

Auch die Vorgehensweise zum Erstellen einer Broadcast-Liste ähnelt der beim Erstellen einer Gruppe:

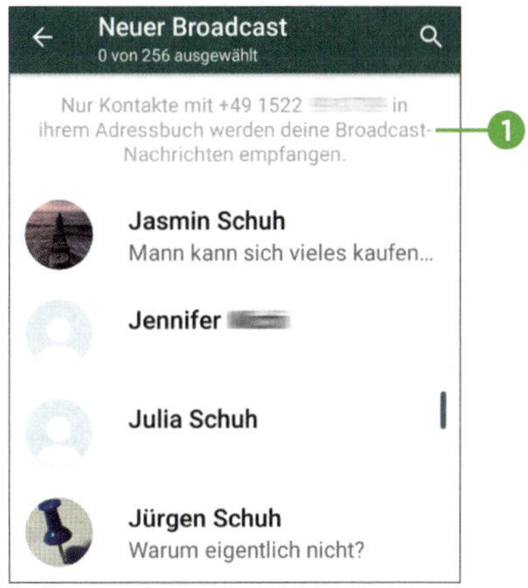

1. Öffnen Sie im Fenster **CHATS** das **Menü**, und tippen Sie auf **Neuer Broadcast**.
2. Folgen Sie nun einfach Schritt 2 und 3 im Abschnitt »Chef im Ring – einen Gruppenchat erstellen« ab Seite 77, denn das Vorgehen ist hier dasselbe – mit einer Ausnahme: Nur diejenigen Kontakte, die Ihre Mobilfunknummer abgespeichert haben, können von Ihnen versendete Broadcasts erhalten. Darauf macht Sie WhatsApp beim Erstellen der Broadcast-Liste aufmerksam ❶. Dies ist eine durchaus nützliche »Sperre«, die WhatsApp hier eingerichtet hat, verhindert sie doch, dass auch Sie von Fremden in Broadcast-Listen aufgenommen und z. B. ständig mit Werbung bombardiert werden.
3. Nun befinden Sie sich sofort im Broadcast-Chat und können mit Ihren Nachrichten loslegen.

   Der Name der Broadcast-Liste lässt sich erst im Nachhinein vergeben. Öffnen Sie hierzu den Broadcast-Chat, und tippen Sie im Aktionsbalken auf **Für Broadcast-Listen-Info hier tippen** ❷. Hier nehmen

Sie dann analog zur Gruppenchat-Info Ihre Einstellungen vor und fügen, wenn Sie dies möchten, neue Empfänger hinzu.

Abweichend vom Gruppenchat können die Empfänger keine Einstellungen vornehmen, denn sie wissen »offiziell« gar nicht, dass sie Teil einer Broadcast-Liste sind.

Nach dem Versand eines Broadcast-Chats wird dieser im **CHATS**-Fenster angezeigt. Ein Broadcast ist stets mit einem Flüstertüten-Symbol 3 gekennzeichnet. Es kann nicht durch ein »Profilfoto« ersetzt werden.

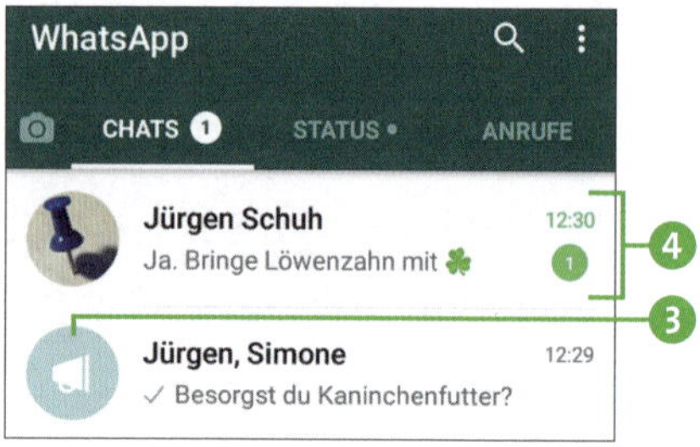

Da der Broadcast beim Empfänger wie ein Einzelchat ankommt, erhalten Sie eventuelle Rückantworten ebenfalls als Einzelchat 4.

Führen mehrerer Broadcast-Listen

Führen Sie mehrere Broadcast-Listen, geben Sie jeder Liste einen eindeutigen Namen. Auf diese Weise beugen Sie Verwechslungen vor und senden Chats nicht versehentlich über die falsche Liste.

Die **Broadcast-Listen-Info**, die Sie im jeweiligen Broadcast über das **Menü** aufrufen, ähnelt der Gruppeninfo. Über die Option **Empfänger bearbeiten** 1 fügen Sie u.a. Empfänger hinzu oder entfernen diese. Ebenso lässt sich hier die gesamte **Broadcast-Liste löschen** 2.

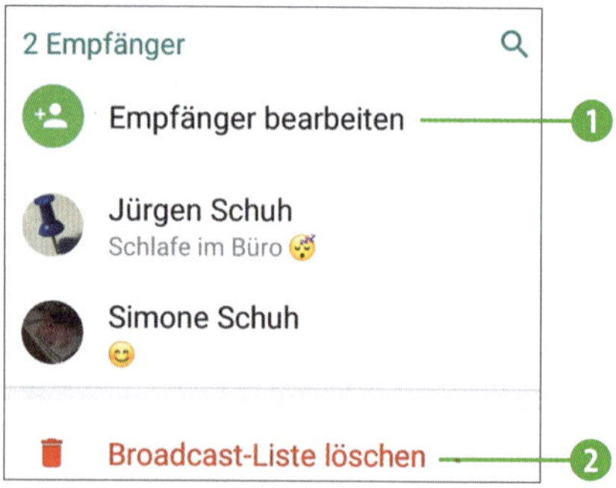

KAPITEL 6

Wissenswertes und Nützliches rund um WhatsApp

In diesem Kapitel verraten wir Ihnen eine Reihe von Tipps und Tricks, mit denen Sie WhatsApp noch besser Ihren Bedürfnissen anpassen und es noch bequemer und sicherer nutzen.

Die Kosten im Blick

Das Senden und Empfangen von Mediendateien sowie die Sprach- und Videoanrufe mit WhatsApp können den mobilen Datentarif belasten und vor allem in einem kostenpflichtigen WLAN-Netzwerk zu Buche schlagen. Wie gut, dass Sie sich schon allein mithilfe von WhatsApp vor unliebsamen Gebühren schützen können:

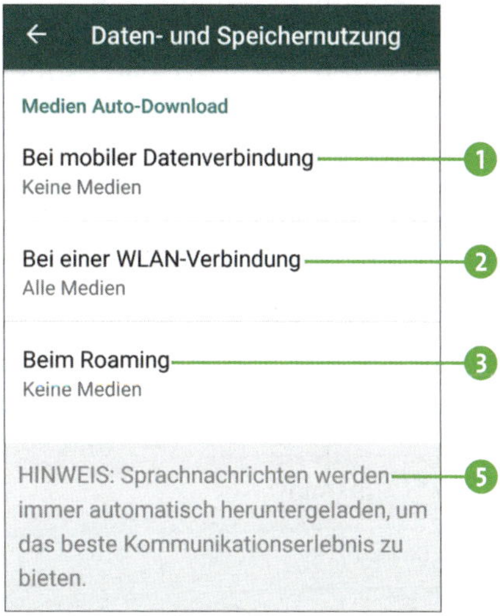

Öffnen Sie, ausgehend vom **CHATS**-Fenster, **Menü ▸ Einstellungen ▸ Daten- und Speichernutzung**. Unter den Optionen **Bei mobiler Datenverbindung** 1, **Bei einer WLAN-Verbindung** 2 bzw. **Beim Roaming** 3 legen Sie dann fest, welche Arten von Mediendateien automatisch bei der entsprechenden Verbindungsart heruntergeladen werden dürfen (4 auf Seite 91). Sollten Sie das automatische Herunterladen von Medien wie z. B. von Videos an dieser Stelle nicht erlauben, können Sie ein Video bei einem eingehenden Videochat dennoch empfangen. Dazu müssen Sie dann nur die entsprechende Datei im Chatfenster antippen. Bitte beachten Sie auch den Hinweis (5 auf Seite 91), dass Sprachnachrichten immer automatisch heruntergeladen werden.

Die Suchfunktion von WhatsApp

Sicherlich ist sie Ihnen schon aufgefallen, schließlich ist sie im Aktionsbalken – und nicht nur dort – allgegenwärtig: die Lupe 🔍. Sie symbolisiert die in WhatsApp integrierte Suchfunktion.

Möchten Sie z. B. nach einem bestimmten Stichwort suchen, das in irgendeinem Ihrer Chats gefallen ist, begeben Sie sich in das **CHATS**-Fenster und tippen auf die Lupe. Über die Tastatur und natürlich auch per Spracheingabe kann nun die Suche gestartet werden. Wenn Sie im **CHATS**-Fenster z. B. als Suchbegriff den Namen eines Kontakts eingeben 1, findet WhatsApp ihn unter Umständen nicht nur in den Kontaktnamen 2, sondern auch innerhalb der Nachrichten 3.

Prinzipiell ist die Suchfunktion kontextbezogen, d. h. abhängig davon, in welchem Bereich von WhatsApp Sie sich jeweils befinden.

Schnellverknüpfungen auf dem Homescreen anlegen

Chatten Sie mit Einzelpersonen oder Gruppen besonders häufig, so legen Sie doch eine oder mehrere Schnellverknüpfungen auf Ihren Startbildschirm (*Homescreen*). Sie müssen dann nur noch die Schnellverknüpfung antippen und gelangen so direkt in den jeweiligen Chat. Das vorherige Öffnen der App WhatsApp und das Heraussuchen des betreffenden Chats sind somit nicht mehr nötig. Dasselbe gilt auch für Broadcast-Listen.

Und so geht's:

1. Öffnen Sie den betreffenden Einzel- bzw. Gruppenchat oder auch den Broadcast.
2. Tippen Sie auf **Menü ▸ Mehr**.
3. Tippen Sie auf **Verknüpfung hinzufügen**, und schon wird eine Verknüpfung auf dem Startbildschirm abgelegt ❶. Auf Ihrem Bildschirm erhalten Sie hierüber eine Information ❷.

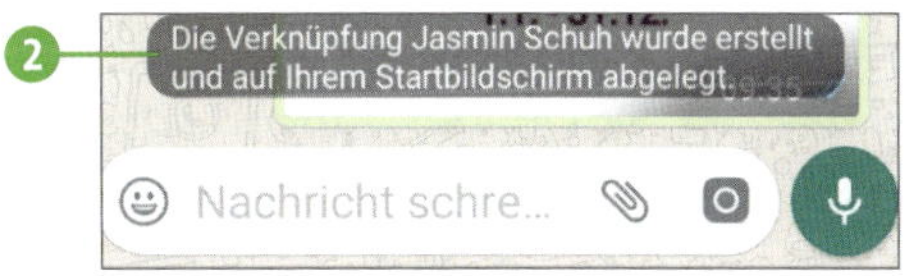

Die Chatverknüpfung lässt sich natürlich auch wieder vom Bildschirm entfernen:

1. In unserem Beispiel soll die WhatsApp-Verknüpfung **Jasmin Schuh** ❶ vom Homescreen entfernt werden. Halten Sie den Finger ca. eine Sekunde auf der Verknüpfung gedrückt (wenn Sie die Verknüpfung dagegen kurz antippen, würden Sie den Chat starten).
2. Der Name verschwindet nun, und das App-Symbol wird etwas größer dargestellt (❸ auf Seite 94). Am oberen Bildschirmrand er-

scheint zudem das Symbol eines Mülleimers 4 (variiert von Smartphone zu Smartphone).

3. Halten Sie die Verknüpfung weiterhin gedrückt, und ziehen Sie diese auf das Mülleimer-Symbol.

4. Ändert die App-Verknüpfung nun auch ihre Farbe 5, ist dies das Zeichen, dass Sie den Finger von der Verknüpfung nehmen können. Sie verschwindet von der Bildfläche.

Dabei wird lediglich die Verknüpfung, nicht jedoch der eigentliche Chat oder gar Kontakt gelöscht. Alles befindet sich noch dort, wo es sein soll.

Widgets – kleine Helferlein

Viele der auf Ihrem Smartphone installierten Apps beinhalten sog. *Widgets*. Ein Widget ist ein Teil einer App und dient beispielsweise zur Anzeige wichtiger Informationen oder als Schnellzugriff zu bestimmten Funktionen. Auch WhatsApp verfügt über einige Widgets – probieren Sie diese ruhig einmal aus.

Beispielhaft zeigen wir Ihnen das im Folgenden am *WhatsApp Chat*-Widget, das eine Schnellverknüpfung auf Ihrem Bildschirm anlegt, so wie Sie es im vorigen Abschnitt kennengelernt haben:

1. Öffnen Sie die Widgets Ihres Smartphones. Bei Android-Geräten drückt man hierzu üblicherweise ca. eine Sekunde lang auf eine leere Fläche des Bildschirms.

2. Tippen Sie auf **Widgets** 1.

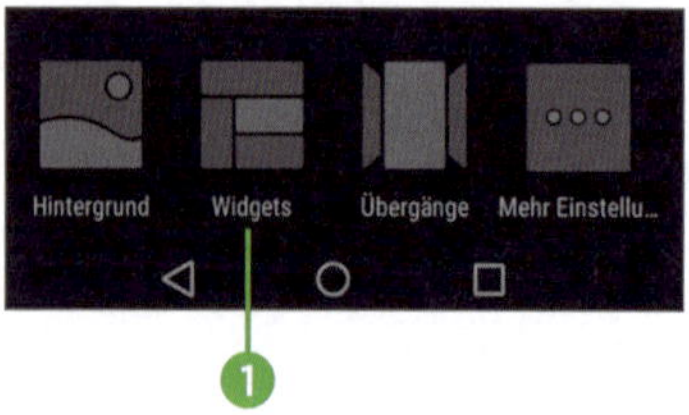

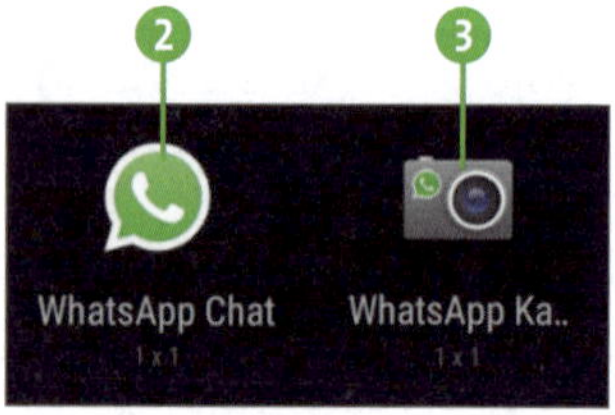

3. Die Widgets sind normalerweise nach App-Namen alphabetisch angeordnet. Scrollen Sie zu **WhatsApp**, und öffnen Sie das Widget durch Antippen.
4. Als Beispiel wählen wir nun, wie gesagt, **WhatsApp Chat** ❷ durch Antippen aus.
5. Nun öffnet sich Ihre Favoritenliste. Tippen Sie auf einen Kontakt, wird er als Schnellverknüpfung auf Ihrem Homescreen angelegt.
6. Um die Verknüpfung aufzurufen oder auch zu löschen, können Sie vorgehen wie im vorherigen Abschnitt »Schnellverknüpfungen auf dem Homescreen anlegen« ab Seite 93 beschrieben.

Wenn Sie möchten, probieren Sie auch noch gleich das *WhatsApp Kamera*-Widget ❸ aus. Durch Antippen öffnet sich die Kamera-App Ihres Smartphones, und Sie können nun ein Foto oder Video aufnehmen und es sofort an einen oder gleich mehrere Chatpartner versenden.

Auch ziemlich praktisch: einen oder mehrere Chats fixieren

Immer wenn Sie einen neuen Chat erhalten, wird Ihnen dieser im Fenster **CHATS** an oberster Stelle angezeigt; die anderen Chats »rutschen« um jeweils eine Position nach unten.

Sie haben aber die Möglichkeit, bis zu drei Chats an den drei obersten Positionen im Fenster **CHATS** zu fixieren. Somit bleiben sie in der Chatliste auch dann an ihrer Position, wenn neue Chats eintreffen, und Sie haben somit jederzeit die Nachrichten Ihrer Lieblings-Chatpartner immer gleich im Blick.

Und so geht's:

1. Markieren Sie durch Antippen bis zu drei Chats – die markierten Chats werden dadurch jeweils mit einem Häkchen versehen (❶ auf Seite 96).

2. Tippen Sie im Aktionsbalken auf das Pinnnadel-Symbol ❷.

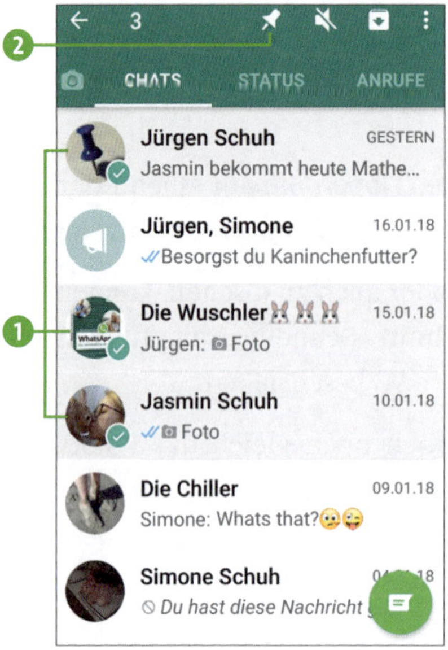

Die Chats sind nun, mit dem entsprechenden Symbol ❸ versehen, an oberster Stelle im Fenster **CHATS** angepinnt. Erhalten Sie neue Chats, werden diese, wie gesagt, unter den fixierten Chats angezeigt.

Sie möchten einen oder auch alle oben im Fenster **CHATS** angehefteten Chats wieder aus ihrer favorisierten Position lösen? Das geht genauso schnell und einfach wie das Fixieren:

1. Markieren Sie die betreffenden Chats.
2. Tippen Sie im Aktionsbalken auf das durchgestrichene Pinnadel-Symbol ❹.

   Der Chat ist nun nicht mehr fixiert und das Symbol zugleich verschwunden.

Wenn das Gegenüber nervt – einen Chatkontakt stummschalten, blockieren oder als Spammer melden

Sie haben die Möglichkeit, einen Kontakt bzw. eine Gruppe stummzuschalten. Durch das Stummschalten werden Sie weder per Ton noch per Vibration über einen eingehenden Chat informiert. Je nachdem, ob Sie die Kontaktdaten des Absenders bzw. dessen Mobilfunknummer bereits im Adressbuch Ihres Smartphones gespeichert haben oder nicht, ist das Vorgehen ein anderes.

Ab Seite 100 lesen Sie, wie Sie einen nicht abgespeicherten Kontakt stummschalten. Im Folgenden zeigen wir, wie Sie verfahren, wenn sich der Absender bereits in Ihren Kontakten befindet:

1. Markieren Sie den betreffenden Chat – dieser wird mit einem Häkchen versehen, so wie Sie es bereits kennen.
2. Tippen Sie im Aktionsbalken auf das durchgestrichene Lautsprecher-Symbol (5 auf Seite 96).
3. Bestimmen Sie im neuen Bildschirm die Dauer der Stummschaltung 1, und wählen Sie ggf. zusätzlich die Option **Benachrichtigungen anzeigen** 2 ab, indem Sie durch Antippen des Kästchens das Häkchen entfernen. Damit werden keine Benachrichtigungen über den eingehenden Chat in der Benachrichtigungsleiste angezeigt. Bestätigen Sie mit **OK** 3.

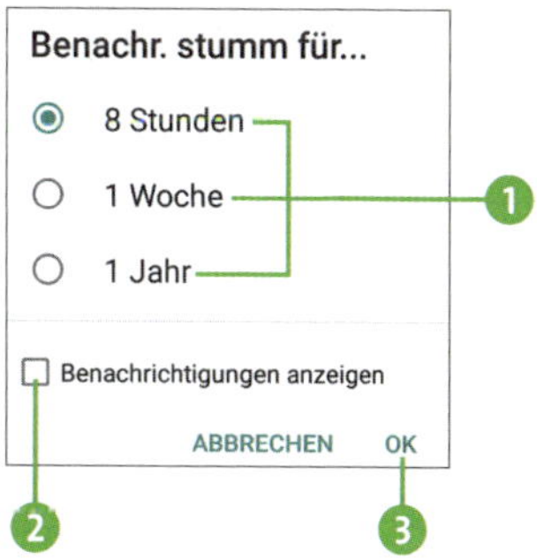

4. Der stummgeschaltete Chat ist nun in der Chatliste mit einem Symbol 4 markiert.

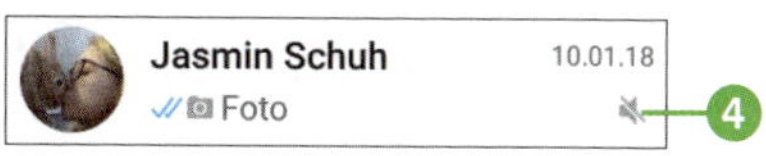

Möchten Sie zu einem späteren Zeitpunkt die Stummschaltung wieder aufheben, verfahren Sie wie folgt:

1. Markieren Sie den stummgeschalteten Chat. Er bekommt ein Häkchen ①.
2. Tippen Sie auf das Lautsprecher-Symbol im Aktionsbalken ②. Das Symbol verschwindet, und der Chat ist nicht mehr stumm.

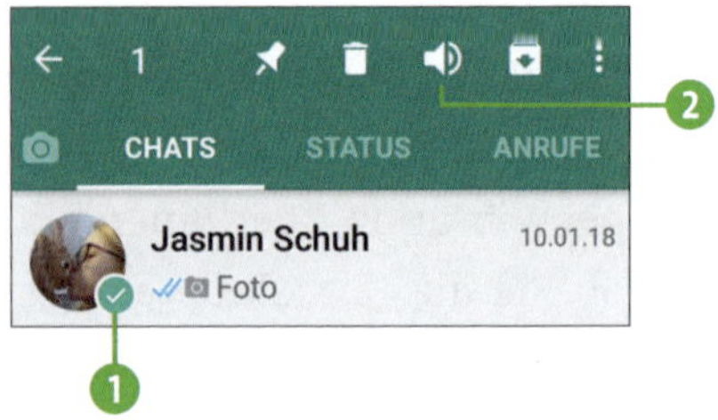

Ein stummgeschalteter Kontakt kann Sie jedoch noch anrufen – es klingelt dann auch ganz normal. Um jedwede Kommunikation (also Chats und Anrufe) zu unterbinden, blockieren Sie den betreffenden Einzelchat bzw. die betreffende Gruppe.

1. Begeben Sie sich in den betreffenden Chat, und öffnen Sie **Menü ▸ Mehr**.
2. Tippen Sie hier auf **BLOCKIEREN** ①. Der Chat mit dem betreffenden Kontakt verbleibt im Fenster **CHATS**, Sie bekommen jedoch fortan von diesem Kontakt keine Nachricht mehr.

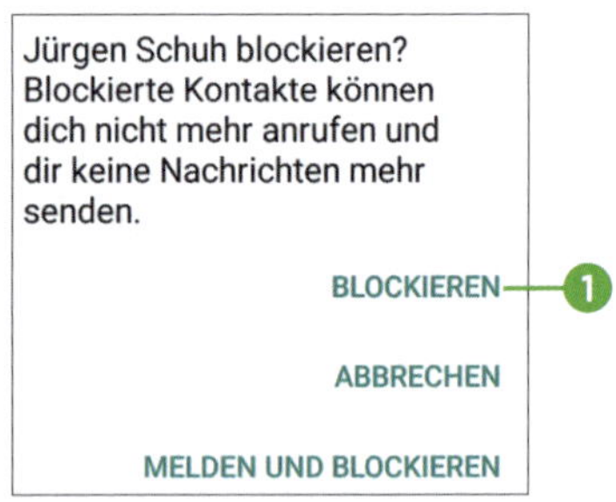

Für das Aufheben der Blockade eines Kontakts stehen Ihnen zwei Möglichkeiten zur Verfügung. Die erste besteht darin, den Chatkontakt wieder zu kontaktieren:

1. Öffnen Sie den betreffenden Chat, und starten Sie das Versenden einer Chatnachricht, oder tätigen Sie einen Anrufversuch. Sie werden darüber benachrichtigt, dass Sie den Kontakt zunächst wieder freigeben müssen, um die entsprechende Aktion durchzuführen.
2. Tippen Sie also auf **FREIGEBEN** ②, und Sie können den Chat wieder aufnehmen.

Möchten Sie einem blockierten Chat zwar im Moment keine Nachricht schicken, die Blockade aber dennoch wieder aufheben, sodass Sie von dem Kontakt wieder Chats und Anrufe erhalten, so verfahren Sie wie folgt:

1. Begeben Sie sich in den jeweiligen Chat, und öffnen Sie das **Menü**.
2. Tippen Sie nun nacheinander auf **Mehr ▸ FREIGEBEN**.

   Nun können Sie wieder uneingeschränkt Chats empfangen bzw. senden sowie Anrufe erhalten und führen.

Was geschieht während der Blockade?

Beachten Sie: Haben Sie einen Chat blockiert und hat dieser versucht, Ihnen während der Blockade Chats zuzusenden, dann sind diese im »virtuellen Orbit« verschwunden. Sie bekommen die Chats nach Aufhebung der Blockade nicht nachträglich zugestellt. Gleiches gilt natürlich auch, wenn Sie selbst durch einen Kontakt blockiert wurden.

Über die Tatsache, dass Sie blockiert wurden, erhalten Sie keine Benachrichtigung; Sie können es aber vermuten. Wurden Sie blockiert, wissen es aber nicht und haben an denjenigen Chatkontakt einen Chat abgesetzt, so erscheint lediglich ein graues Häkchen rechts neben der Uhrzeit am Eingabefeld. (Zu der Bedeutung der Häkchen erfahren Sie alles im Abschnitt »Eine Chatnachricht schreiben, aufpeppen und versenden« auf Seite 32.) Zudem sehen Sie im Aktionsbalken direkt unter dem Namen nicht mehr den Zuletzt-online-Zeitstempel bzw. den Onlinestatus. Darüber hinaus wird Ihnen der Status dieses Kontakts nicht mehr angezeigt; genauso wenig, wenn dieser sein Profilbild wechselt.

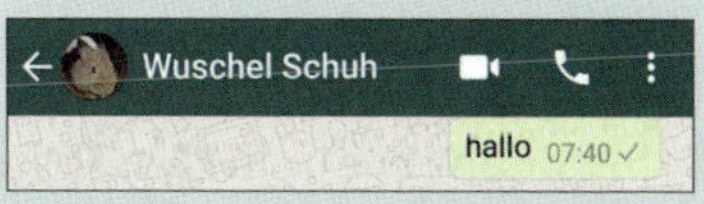

Treibt ein Ihnen bekannter Kontakt plötzlich sein »Unwesen« und versendet z. B. massenhaft Chats mit Ihnen unangenehmen Inhalten, aktivieren Sie die Option **MELDEN UND BLOCKIEREN** unter **Menü ▸ Mehr**. Der Kontakt wird dadurch nicht nur blockiert, sondern auch als sog. *Spammer* gemeldet.

Spam und Spammer

Als *Spam* bezeichnet man massenhaft versendete Nachrichten, meistens mit Werbeinhalten. Die Versender dieser Nachrichten werden als *Spammer* bezeichnet. Wird ein Ihnen bekannter Chatkontakt plötzlich zum Spammer, liegt es im Bereich des Möglichen, dass dessen Smartphone durch Schadsoftware kompromittiert wurde und nunmehr über diesen Kontakt – ohne dessen Wissen – massenhaft Spam versendet wird. Oder aber Ihr Kontakt hat eine neue Mobilfunknummer erhalten und die alte Nummer wurde vom Provider an einen Dritten weitergegeben, der nun massenhaft Spam versendet, wobei Sie mehr oder weniger zufällig zu einem der Adressaten gehören. Sie sehen aber dennoch den »alten« Kontaktnamen, da Sie dessen Nummer ja gespeichert haben. WhatsApp behält sich vor, einen Kontakt aus WhatsApp zu entfernen, wenn eine gewisse Anzahl von Spam-Meldungen gegen diesen vorliegt. Wie viele Spam-Meldungen allerdings dazu führen, bleibt ein Geheimnis von WhatsApp.

Erhalten Sie eine Chatnachricht von einem Teilnehmer, der noch nicht als Kontakt auf Ihrem Smartphone gespeichert ist, so sehen Sie im Fenster **CHATS** als Absender lediglich dessen Mobilfunknummer. Nach Antippen können Sie die Chatnachricht wie gewohnt lesen. WhatsApp macht Sie auch noch einmal darauf aufmerksam, dass der Absender nicht in Ihrem Adressbuch hinterlegt ist ❶, und bietet Ihnen drei Optionen zur Wahl:

❷ Sie melden den unbekannten Absender als Spam.

❸ Sie blockieren ihn.

❹ Sie nehmen ihn in Ihre Kontaktliste auf.

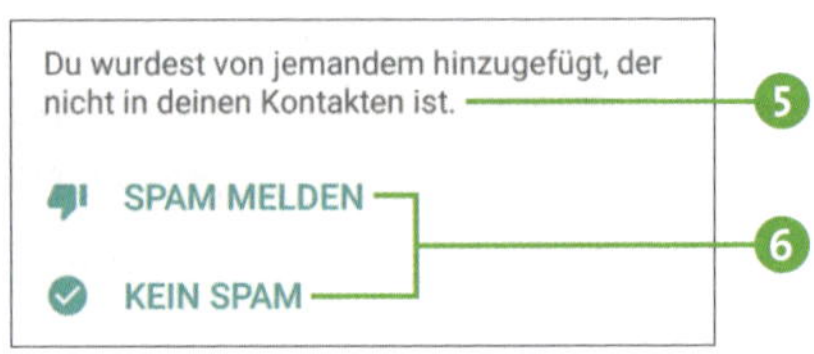

Nimmt Sie ein nicht in Ihren Kontakten gespeicherter Administrator ungefragt in eine Gruppe auf, werden Sie hierüber ebenso informiert ❺. Hier wählen Sie zwischen zwei Möglichkeiten ❻.

Das Hintergrundbild ändern

Um das Hintergrundbild in WhatsApp zu ändern, öffnen Sie im Fenster **CHATS** einen Einzel- oder Gruppenchat und tippen auf **Menü ▸ Hintergrund**. Im erscheinenden Bildschirm können Sie die Quelle bestimmen, aus der Sie Ihren neuen Hintergrund einfügen.

Welche Dateien habe ich mit wem »gechattet«?

Möchten Sie nachvollziehen, welche Dateien (**MEDIEN**, **DOKUMENTE**, **LINKS**) Sie mit jemandem im Chat ausgetauscht haben, so öffnen Sie den jeweiligen Einzel- bzw. Gruppenchat oder auch die entsprechende Broadcast-Liste. Nach Öffnen des Menüs finden Sie den Eintrag **Medien** bzw. **Gruppenmedien** bzw. **Medien der Broadcast-Liste** (je nachdem, in welcher Art von Chat Sie sich gerade befinden). Tippen Sie den entsprechenden Eintrag an, erhalten Sie die gewünschten Informationen. Voraussetzung ist allerdings, dass die betreffenden Elemente noch nicht aus Ihrem Chatverlauf gelöscht wurden.

Drücken Sie länger auf einen Eintrag ❶, wird dieser blau hinterlegt, und es erscheint der Aktionsbalken. Sie haben nun die Möglichkeit, die ausgewählte Datei weiterzuleiten (2), zu löschen (3) oder mit einem Stern (4) zu versehen. Das Weiterleiten kennen Sie bereits, die beiden letzten Optionen erklären wir Ihnen in den beiden folgenden Abschnitten.

Durch Löschen in den Chats aufräumen

Ist Ihnen ein Chatverlauf zu unübersichtlich geworden, können Sie hieraus einzelne oder gleich mehrere Elemente löschen:

1. Markieren Sie in einem Chat ein oder mehrere Elemente (Textnachrichten, Medien, Links etc.).
2. Der Aktionsbalken erscheint. Tippen Sie hier auf das Mülleimer-Symbol (siehe (3) oben).
3. Bestätigen Sie die Abfrage, indem Sie auf **FÜR MICH LÖSCHEN** (1) tippen. Die Medien sind nun aus dem jeweiligen Chat gelöscht und werden nicht mehr angezeigt.

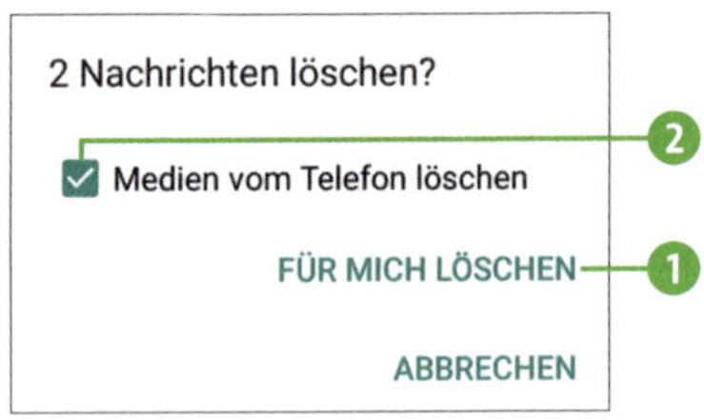

Im Laufe der Zeit fallen durch den regen Gebrauch von WhatsApp und den Austausch von Mediendateien größere Datenmengen an, da diese gechatteten Mediendateien auf dem Smartphone gespeichert werden. Falls der Speicherplatz auf Ihrem Smartphone zur Neige geht, kann dies zu Problemen führen. Noch mehr Mediendateien, App-Aktualisierungen oder gar neue Apps finden dann womöglich keinen Platz mehr.

Nutzen Sie deshalb die zusätzliche Funktion **Medien vom Telefon löschen** (2), indem Sie dort ein Häkchen setzen. Laut WhatsApp werden hierdurch die im Chat markierten Elemente nicht nur aus dem Chat, sondern auch aus dem Speicher Ihres Smartphones gelöscht.

Aber Achtung: Eigene Versuche haben ergeben, dass diese Funktion nicht immer hält, was sie verspricht! WhatsApp löscht die Dateien nicht immer restlos aus dem Speicher. Darum empfiehlt es sich, den Speicher des Gerätes zuweilen »manuell« auf zu löschende Mediendateien zu überprüfen. Damit gehen Sie sicher, dass auch wirklich alles wegkommt, was wegsoll.

Wie man den Speicher manuell überprüft und auch ausmistet, erfahren Sie im Abschnitt »Wo eigentlich sichert WhatsApp die Dateien, und wie kann ich auf diese zugreifen?« ab Seite 106.

Um einen Chatverlauf auf einmal zu löschen, tippen Sie innerhalb eines Chats auf **Menü ▸ Mehr ▸ Chatverlauf leeren**. Bestätigen Sie die Aktion durch Antippen von **LEEREN**.

Haben sich die verschiedenen Einzelchats in Ihrem **CHATS**-Fenster mittlerweile so angehäuft, dass Sie allmählich den Überblick verlieren? Dann können Sie auch komplette Chats auf einmal löschen. Vor allem von solchen Chatpartnern, mit denen Sie voraussichtlich die nächste Zeit nicht mehr chatten werden und deren Inhalte Ihnen an sich auch gar nicht (mehr) so wichtig sind.

1. Öffnen Sie Ihr **CHATS**-Fenster.
2. Markieren Sie einen Chat.
3. Tippen Sie auf das Mülleimer-Symbol im Aktionsbalken.
4. Bestätigen Sie die Abfrage durch Tippen auf **LÖSCHEN**. Wenn Sie möchten, nutzen Sie hier zusätzlich die auf Seite 102 beschriebene Funktion **Medien vom Telefon löschen**.

Da sich ganze Chats immer nur einzeln löschen lassen, müssen Sie diese Aktion für jeden weiteren Chat wiederholen.

Um erneut einen Chat mit einem Kontakt zu beginnen, dessen Chat Sie aus Ihrer Chatliste gelöscht haben, müssen Sie diesen über das Symbol **Neuer Chat** zunächst wieder in Ihre Chatliste aufnehmen.

Achtung: Das hier beschriebene Verfahren zum Löschen von Chats ist nur für Einzel-, nicht aber für Gruppenchats durchführbar! Möchten Sie auch einen Gruppenchat aus dem Fenster **CHATS** entfernen, müssen Sie zunächst die Gruppe verlassen. Danach verfahren Sie wie soeben für den Einzelchat beschrieben. Wie Sie eine Gruppe verlassen, erfahren Sie im Abschnitt »Gruppenadministrator oder Gruppenteilnehmer – wer darf was?« auf Seite 85 (siehe Schritt 5).

Um beim Aufräumen nicht das Kind mit dem Bad auszuschütten, können Sie zuvor in Ihren Chats bestimmen, was Sie gerne behalten möchten. Wie Sie hierzu vorgehen, lesen Sie im folgenden Abschnitt.

Mit den Sternen Wichtiges bewahren

Sind Ihnen einzelne Chatnachrichten (seien es Texte, Videos, Bilder, Audios oder auch Links) wichtig und möchten Sie diese daher gerne bewahren, so versehen Sie sie vor dem Löschen von Chats mit einem Stern.

1. Markieren Sie innerhalb eines Chats diejenigen Elemente, die Sie mit einem Stern versehen möchten.
2. Tippen Sie im Aktionsbalken auf das Stern-Symbol ★. Die Elemente erhalten nun einen Stern (1).

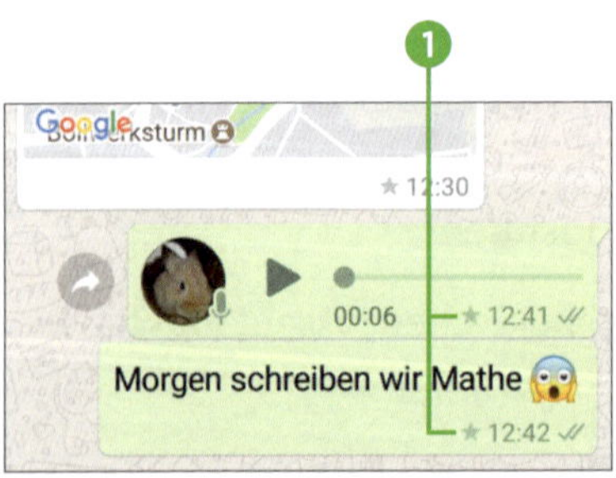

3. Tippen Sie auf **Menü ▸ Mehr ▸ Chatverlauf leeren**, und wählen Sie im erscheinenden Fenster **ALLE LEEREN, AUSSER MIT STERN MARKIERTE** (2).

Möchten Sie sich alle mit einem Stern markierten Elemente anzeigen lassen, tippen Sie im Fenster **CHATS** auf **Menü ▸ Mit Stern markierte**. Die mit Stern markierten Elemente werden Ihnen aufgelistet; hier erkennen Sie auch, in welchem jeweiligen Chat Sie das Element markiert haben ❶. Zudem stehen Ihnen hier sämtliche Möglichkeiten der Kontaktaufnahme ❷ (Nachricht, Sprachanruf, Videoanruf) sowie der Bearbeitung (Weiterleiten ❸, Kopieren ❹, Löschen ❺) zur Verfügung. Außerdem können Sie hier die Sternchenmarkierung auch wieder aufheben ❻.

Tipp: Markieren Sie doch Dinge, die Sie auf jeden Fall behalten möchten, immer gleich mit einem Stern – nicht erst, wenn Sie einen Chat löschen möchten.

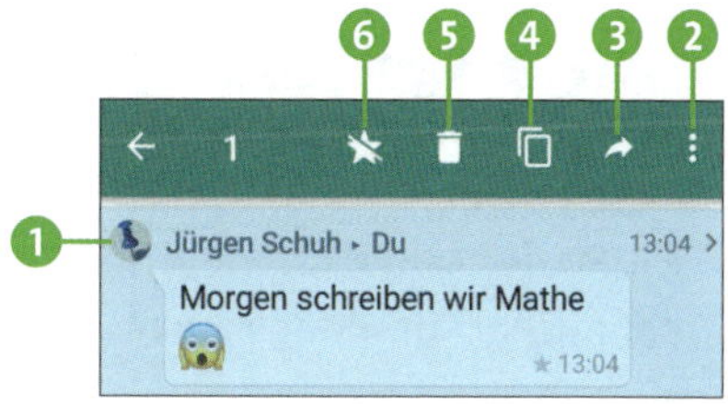

Chats archivieren

Bringen Sie es nicht so richtig übers Herz, so manchen Chat zu löschen, so archivieren Sie ihn doch. Das heißt in WhatsApp nichts anderes, als diese aus dem **CHATS**-Fenster auszublenden. Und das geht so:

1. Markieren Sie im **CHATS**-Fenster einen oder mehrere Chats (Einzel-, Gruppenchats oder auch Broadcast-Listen).
2. Tippen Sie auf das Archivieren-Symbol im Aktionsbalken, und schon werden Ihre Chats archiviert.

Die Anzahl der archivierten Chats wird im **CHATS**-Fenster ganz unten angezeigt ❶. Sie müssen also ggf. dorthin scrollen.

1. Um die archivierten Chats selbst wieder anzuzeigen, scrollen Sie dorthin und tippen auf **Archivierte Chats** ❷. Es öffnet sich der Bildschirm **Archivierte Chats**.

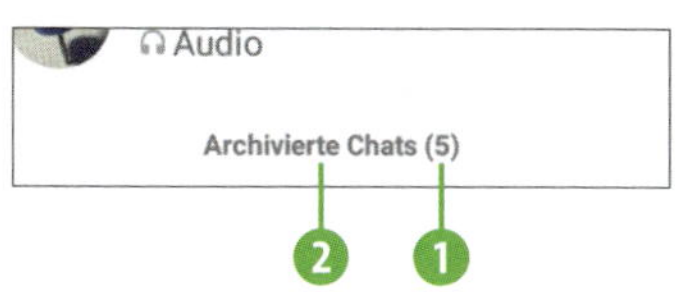

2. Markieren Sie dort einen oder mehrere Chats, und stellen Sie diese auf Wunsch durch Antippen von wieder her.
3. Oder öffnen Sie einen archivierten Chat durch Antippen, und bearbeiten Sie ihn nach Wunsch: Löschen Sie also Elemente, leiten Sie diese weiter, oder versehen Sie sie mit einem Stern.
4. Versenden Sie aus einem archivierten Chat eine Chatnachricht oder erhält ein archivierter Chat eine Chatnachricht, so wird dies automatisch wieder im **CHATS**-Fenster angezeigt.

Alle Chats archivieren, leeren oder löschen

Tippen Sie im **CHATS**-Fenster auf **Menü ▸ Einstellungen ▸ Chats ▸ Chatverlauf**. Sie haben nun die Möglichkeit, alle Chats auf einmal zu archivieren 1, zu leeren 2 bzw. zu löschen 3. Zu der hier aufgeführten Option **Chat per E-Mail senden** 4 erfahren Sie alles im Abschnitt »Chat per E-Mail senden« ab Seite 108.

Wo eigentlich sichert WhatsApp die Dateien, und wie kann ich auf diese zugreifen?

Mediendateien wie Bilder, Videos, Audios und Sprachnachrichten werden in einem bestimmten von WhatsApp angelegten Verzeichnis gespeichert. Um auf dieses Verzeichnis zugreifen zu können, nutzen Sie den auf Ihrem Smartphone befindlichen Dateimanager oder laden sich einen solchen über den *Google Play Store* herunter. Unsere Empfehlung für Android-Geräte ist der *ES Datei Explorer* bzw. *ES Datei Explorer PRO*. Letzterer ist zwar kostenpflichtig, dafür aber werbefrei und bietet eine Vielzahl von Möglichkeiten zur Verwaltung Ihrer Dateien und Ordner.

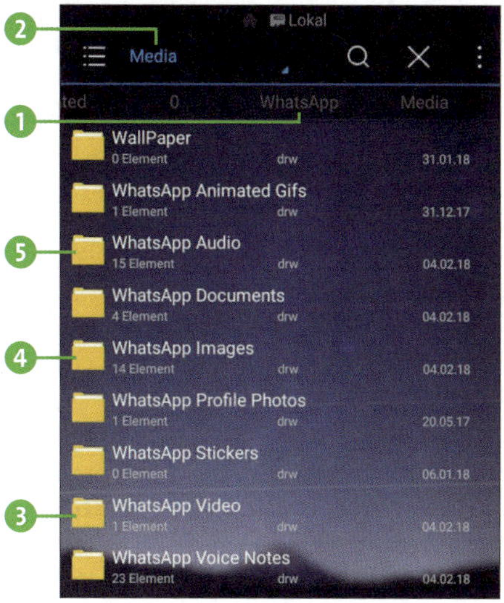

Falls der Standardspeicherort für WhatsApp auf Ihrem Smartphone nicht geändert worden ist, findet sich im internen Speicher ein Ordner **WhatsApp** ➊ und darin ein Ordner **Media** ➋. Dieser wiederum enthält Unterordner. Im Beispiel links sehen Sie, dass der Ordner **WhatsApp Video 1 Element** ➌ beinhaltet und der Bilderordner **WhatsApp Images 14 Elemente** ➍ umfasst. Im Ordner **WhatsApp Audio** befinden sich **15 Elemente** ➎. Alle diese Ordner lassen sich durch Antippen öffnen und die darin enthaltenen Dateien bearbeiten, also öffnen, versenden, umbenennen oder z. B. auch löschen. Sie können die Dateien aber auch von dort in ein anderes Verzeichnis verschieben oder in einer Cloud wie *Google Drive* sichern – je nachdem, welche Funktionen der von Ihnen verwendete Dateiexplorer umfasst.

Haben Sie Ihr Smartphone mit dem dafür vorgesehenen Kabel an einem PC bzw. Notebook angeschlossen, greifen Sie mittels eines Dateimanagers (z. B. des *Explorers* unter Windows) ebenso auf die Ordnerinhalte Ihres Smartphones zu.

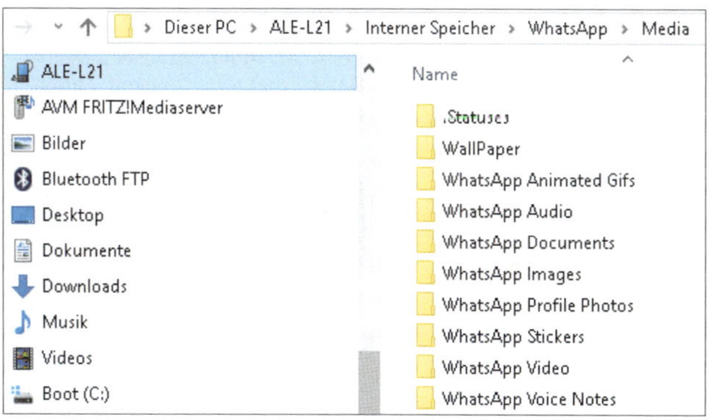

Ein Bearbeiten der Ordner und Dateien ist auf diese Art und Weise sehr komfortabel möglich. Sichern Sie sich so Ihre WhatsApp-Schätzchen, welche im Telefonspeicher schlummern. Markieren Sie die betreffenden Ordner oder einzelne Dateien, und kopieren Sie diese auf die Festplatte Ihres Computers oder einen an den Computer angeschlossenen externen Datenträger (USB-Stick, Festplatte). Oder löschen Sie auf diese Weise Dateien, die Sie nicht mehr benötigen.

Chat per E-Mail senden

Auch das ist eine Art Datensicherung, die WhatsApp Ihnen bietet: die Möglichkeit, den Chatverlauf per E-Mail zu versenden.

1. Begeben Sie sich in den Chat, den Sie sichern wollen.
2. Tippen Sie auf **Menü ▸ Mehr ▸ Chat per E-Mail senden**.
3. Im nächsten Bildschirm legen Sie fest, ob Sie den Chat mit Medienanhang ❶ oder ohne ❷ senden.
4. Es öffnet sich automatisch Ihre E-Mail-App (im Beispiel hier die Google-Mail-App *Gmail*). Sie sind als Absender bereits eingetragen ❸. Der WhatsApp-Chat-Text wird ohne Ihr Zutun als *.txt*-Datei angehängt ❹, ggf. auch die Mediendateien ❺. Alle Anhänge lassen sich in der E-Mail auch noch nachträglich durch Antippen des Kreuzes ❻ entfernen.

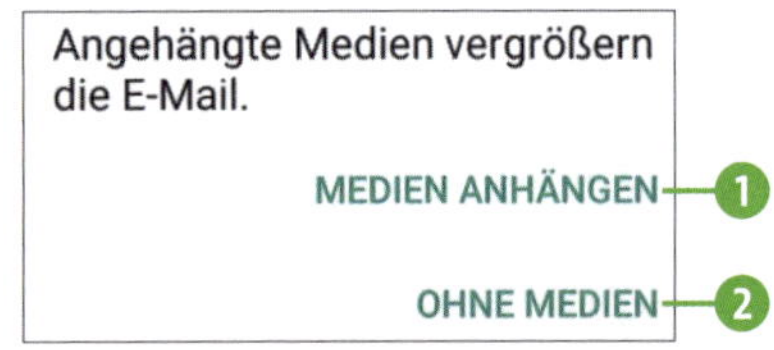

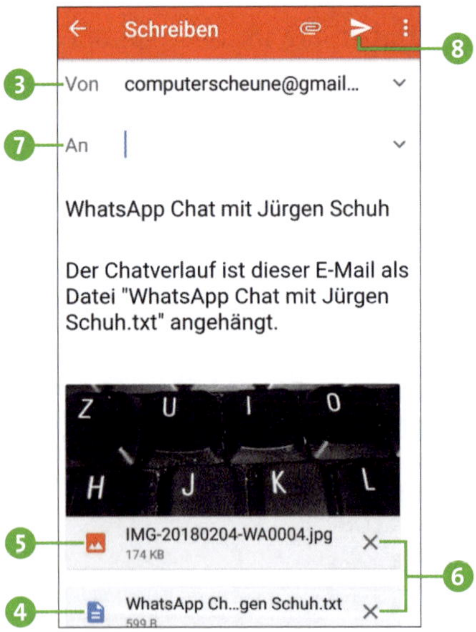

5. Geben Sie im dafür vorgesehenen Feld den Empfänger ein 7, und versenden Sie die E-Mail 8.

WhatsApp Web

WhatsApp können Sie auch am Computer nutzen. So ersparen Sie sich die mühselige »Kleinarbeit« auf der Tastatur Ihres Smartphones. WhatsApp Web bietet Ihnen nahezu dieselben Funktionen, die Sie von der App auf Ihrem Smartphone her kennen. Probieren Sie es aus, es macht richtig Spaß!

1. Laden Sie im Browser auf Ihrem PC oder Notebook von der Internetseite *https://www.whatsapp.com/download* das passende Installationsprogramm (für den Windows-PC oder auch Apple-Computer) herunter, installieren und öffnen Sie es. Auf dem Bildschirm Ihres Computers finden Sie nun einen QR-Code 1.

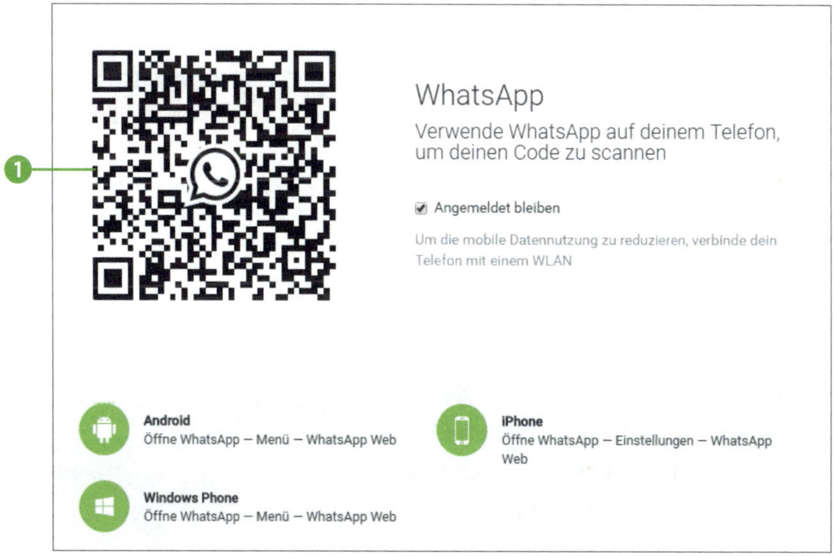

2. Nehmen Sie nun Ihr Smartphone zur Hand, und starten Sie dort WhatsApp.

3. Öffnen Sie im **CHATS**-Fenster das **Menü**, und tippen Sie auf **WhatsApp Web**. Sie werden aufgefordert, WhatsApp Web auf Ihrem Computer zu öffnen und den QR-Code zu scannen.
4. Verbinden Sie Smartphone und Computer, indem Sie sich mit dem auf Ihrem Smartphone-Bildschirm sichtbaren quadratischen Rahmen dem QR-Code auf dem Computerbildschirm nähern 2.

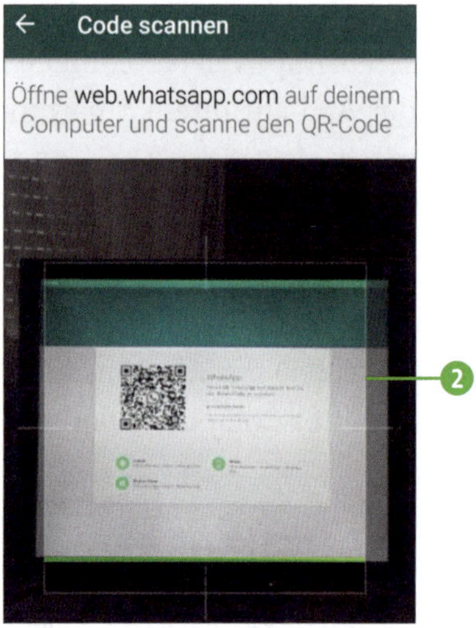

5. Wurde der QR-Code von Ihrem Smartphone erkannt, startet nun WhatsApp Web auf Ihrem Computer ohne weiteres Zutun.
6. Chatten Sie mittels Computer, Tastatur und Maus. Ihre Chatpartner werden verblüfft sein, wie Sie in so kurzer Zeit lange und fehlerfreie Texte schreiben 😉.
7. Möchten Sie über WhatsApp Web z. B. Urlaubsfotos versenden, so greift WhatsApp Web auf die Mediendateien Ihres Computers zu. Das ist vor allem dann sehr praktisch, wenn Ihre Bilder nur auf dem PC gespeichert sind.

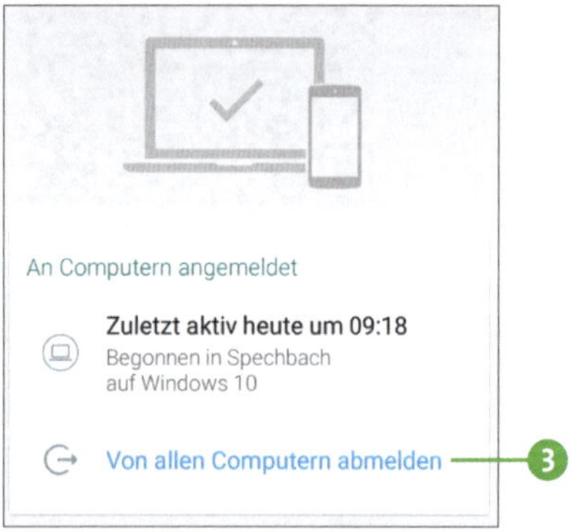

8. Um WhatsApp Web am Computer zu beenden, öffnen Sie zunächst **WhatsApp Web** auf Ihrem Smartphone. Tippen Sie dann auf **Von allen Computern abmelden** 3 und nochmals auf **ABMELDEN** im erscheinenden Fenster.
9. Beenden Sie schließlich das Programm WhatsApp Web auf Ihrem Computer.

Teilen von Dateien

Teilen bedeutet, dass Sie Inhalte in WhatsApp an andere auf Ihrem Smartphone befindliche Anwendungen weitergeben – in aller Regel, um diese anderen Personen zugänglich zu machen.

1. Markieren Sie eine Datei (ein Bild, Video oder Dokument) in einem Chat.
2. Tippen Sie im Aktionsbalken auf das Teilen-Symbol ❶.

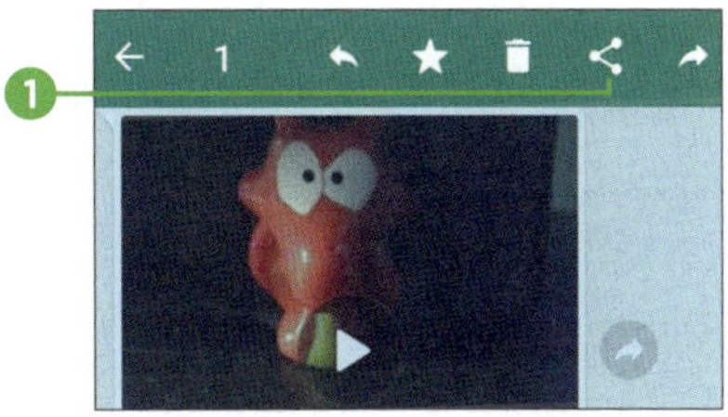

Sollte diese Variante auf Ihrem Smartphone nicht funktionieren, tippen Sie auf **Menü ▸ Teilen** ❷.

Je nach den auf Ihrem Smartphone installierten Apps stehen Ihnen nun verschiedene Möglichkeiten zum Teilen bzw. Versenden zur Verfügung. Ein Video können Sie mithilfe von WhatsApp z.B. auf **YouTube** ❸ oder in den Cloudspeicher **Google Drive** ❹ hochladen, per **Gmail** ❺ versenden oder auch per **Bluetooth** ❻ mit anderen teilen. Auch das sog. *Posten* auf den sozialen Plattformen **Instagram** ❼ oder **Facebook** ❽ ist hier u. a. möglich.

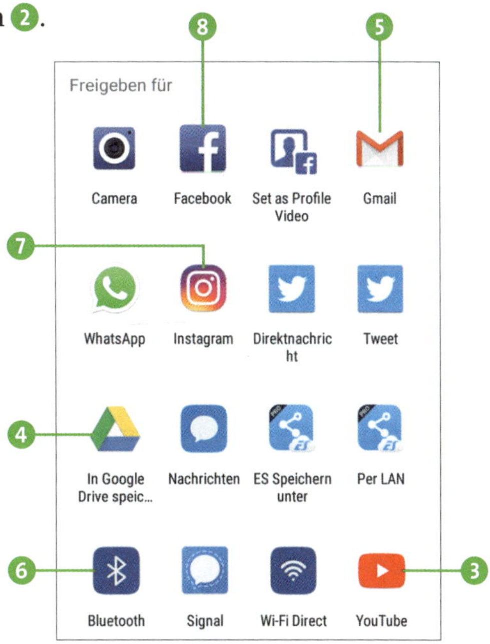

Mit einer WhatsApp-Datensicherung auf ein neues Smartphone umziehen

Sie haben ein neues Android-Smartphone bekommen, ohne dass sich Ihre Mobilfunknummer geändert hat, und wollen vom alten Android-Smartphone Ihr lieb gewonnenes WhatsApp mitnehmen? Oder Sie wollen Ihr altes Smartphone auf die sog. *Werkseinstellungen* zurücksetzen, sodass alle Daten und somit auch WhatsApp komplett gelöscht werden? Und danach soll WhatsApp auf dem neuen oder alten Gerät wieder eingespielt werden? Voraussetzung ist, dass auf beiden Geräten dasselbe *Google-Konto* eingerichtet ist. Mit dem Anlegen eines Google-Kontos haben Sie gleichzeitig bis zu 15 Gigabyte an Cloudspeicherplatz (beispielsweise auf *Google Drive*) zur Verfügung. Es ist also mehr als eine Überlegung wert, die Sicherungsdateien dort zu speichern, zumal Sie auf Google Drive nicht nur den Chatverlauf, sondern auch alle Mediendateien und auch die Videos sichern können.

Zuallererst kümmern wir uns um die Sicherung der alten Chatnachrichten und Dateien:

1. Tippen Sie im **CHATS**-Fenster nacheinander auf **Menü** ▸ **Einstellungen** ▸ **Chats** ▸ **Chat-Backup**. Im Dialogfenster **Chat-Backup** sehen Sie, wann WhatsApp die letzte automatische Datensicherung, das sog. *Backup*, durchgeführt hat ❶, und haben mithilfe von **SICHERN** ❷ aktuell die Möglichkeit, selbst ein Backup zu erstellen. Zuvor wollen wir uns aber noch einige Einstellungen näher ansehen.

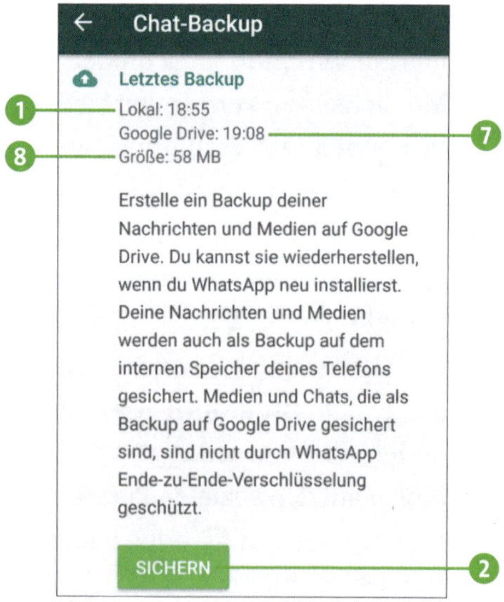

2. Voreingestellt ist die Sicherung über WLAN ❸. Durch Antippen von **Sichern über** könnten Sie sich auch für eine Sicherung über Ihren mobilen Datentarif entscheiden, wovon wir abraten. Belassen Sie es also bei der Voreinstellung.

3. Möchten Sie Ihre Videos ebenso sichern, tippen Sie auf das Kästchen bei **Inklusive Videos** ❹. Gleichzeitig bekommen Sie angezeigt, wie viel MByte bzw. KByte an Daten dabei in der Cloud gespeichert werden.

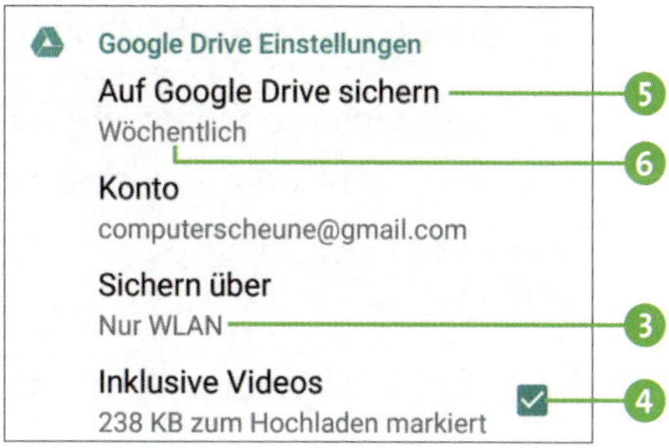

4. Tippen Sie auf **Auf Google Drive sichern** ❺, und wählen Sie darunter, wie häufig Sicherungen durchgeführt werden sollen ❻. Voreingestellt ist hier **Niemals**. Wünschen Sie keine regelmäßige Sicherung, so belassen Sie diese Einstellung. (In unserem Beispiel haben wir eine wöchentliche Sicherung vorgesehen.)

5. Durch Antippen von **SICHERN** ❷ starten Sie die manuelle Sicherung der Daten in Ihrem Cloudspeicher. Als Zwischenschritt müssen Sie noch der Nutzung des Google-Drive-Kontos durch WhatsApp zustimmen. Tippen Sie in der erscheinenden Abfrage also auf **ZULASSEN**.

6. Je nach Datenmenge und Schnelligkeit Ihrer Internetverbindung kann der Sicherungsvorgang einige Minuten in Anspruch nehmen. Anschließend sehen Sie, wann Sie zuletzt eine Sicherung im Cloudspeicher Google Drive durchgeführt haben ❼ und wie groß die Sicherungsdatei ist ❽.

Alternativ zur Komplettsicherung auf einem Google-Konto bzw. als zusätzliche Absicherung können Sie Ihr WhatsApp auch auf einem PC sichern.

1. Verbinden Sie Ihr Smartphone mit Ihrem PC mittels des dafür vorgesehenen Kabels, um auf die Dateien im Smartphone-Speicher zugreifen zu können. In den allermeisten Fällen können Sie hierzu das mitgelieferte Ladekabel verwenden.

2. Kopieren Sie den gesamten WhatsApp-Ordner (siehe den Abschnitt »Wo eigentlich sichert WhatsApp die Dateien, und wie kann ich auf diese zugreifen?« ab Seite 106) auf die Festplatte Ihres Computers. Somit haben Sie alle WhatsApp-Dateien gesichert.

Nachdem Sie eine Sicherung durchgeführt haben, geht es nun daran, WhatsApp (auf dem neuen Gerät) wiederherzustellen. Wenn Sie ein Backup auf Google Drive durchgeführt haben, ist das ganz schnell erledigt:

1. Auf Ihrem neuen Android-Smartphone muss dasselbe Google-Konto, in welchem Ihr Backup liegt, bereits integriert sein, und auch eine aktive Internetverbindung muss bestehen.

2. Installieren Sie WhatsApp auf Ihrem Smartphone, wie zu Beginn dieses Buches beschrieben.

3. WhatsApp erkennt ein vorliegendes Backup ❶ und bietet Ihnen an, dieses wiederherzustellen. Tippen Sie also auf **WIEDERHERSTELLEN** ❷.

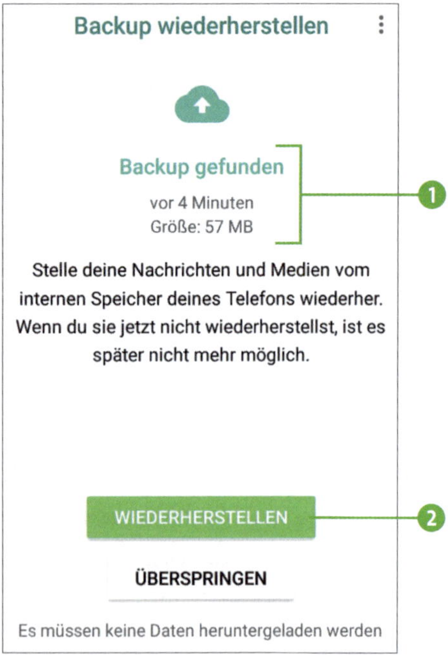

Damit ist WhatsApp nun in aller Regel komplett auf Ihr neues Smartphone umgezogen – Sie müssen lediglich Ihren Profilnamen und ggf. ein Profilbild hinzufügen, dann ist alles auch schon wieder startbereit.

Allerdings kann es in seltenen Fällen vorkommen, dass nicht alle Dateien über die Cloud wiederhergestellt werden können. Vor allem bei Videos kann es zu Ausfällen kommen. Darum empfiehlt es sich, wie oben gezeigt, zusätzlich zum Cloud-Backup über Google Drive auch ein manuelles Backup auf dem Computer durchzuführen – zumindest sollte so der Ordner **WhatsApp Video** gesichert werden. Die fehlenden Dateien können dann »händisch« vom WhatsApp-Ordner auf dem Computer in den WhatsApp-Ordner des Smartphones übertragen werden.

Wenn Sie den kompletten WhatsApp-Ordner als Sicherung auf Ihren PC kopiert haben und die Cloudvariante nicht nutzen möchten, gehen Sie zur Wiederherstellung wie folgt vor:

1. Kopieren Sie **vor** der Installation von WhatsApp den kompletten WhatsApp-Ordner von Ihrem PC auf den Speicher Ihres Smartphones. Wählen Sie entweder den internen Speicher oder eine eventuell eingelegte Speicherkarte – je nachdem, was Sie als Standardspeicherpfad in Ihren Smartphone-Einstellungen zuvor definiert haben.
2. Installieren Sie nun WhatsApp auf Ihrem Smartphone, so wie Sie es im ersten Kapitel dieses Buches gelernt haben.

Fertig – Sie können WhatsApp nun wie gewohnt benutzen.

Und wenn sich Ihre Mobilfunknummer ändert?

Möglicherweise wechseln Sie einmal Ihren Vertragsanbieter (Ihren *Provider*) und nehmen Ihre Mobilfunknummer nicht mit. So wechseln Sie in diesem Fall mit WhatsApp die Mobilfunknummer auf Ihrem Android-Smartphone:

1. Legen Sie die neue SIM-Karte in Ihr Smartphone ein, und starten Sie das Gerät.
2. Tippen Sie nacheinander auf **Menü ▸ Einstellungen ▸ Account ▸ Nummer ändern**. Lesen Sie sich die Hinweise genau durch, und tippen Sie auf **WEITER** ①.
3. Geben Sie im nächsten Fenster zunächst die alte ② und dann die neue Telefonnummer ③ ein. Tippen Sie auf **FERTIG** ④.

   Nach der Verifizierung ist WhatsApp auch schon auf die neue Nummer migriert.

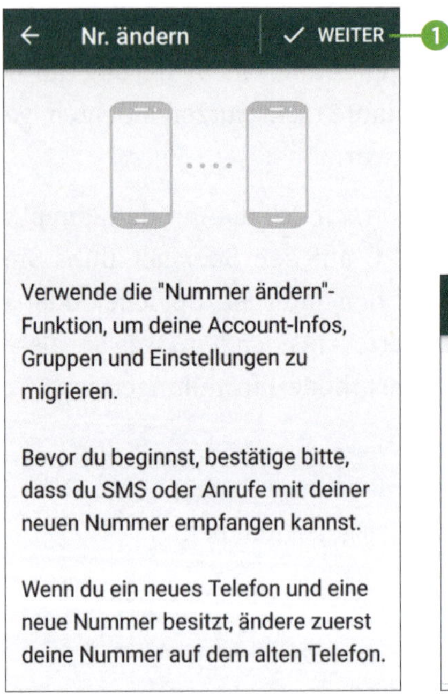

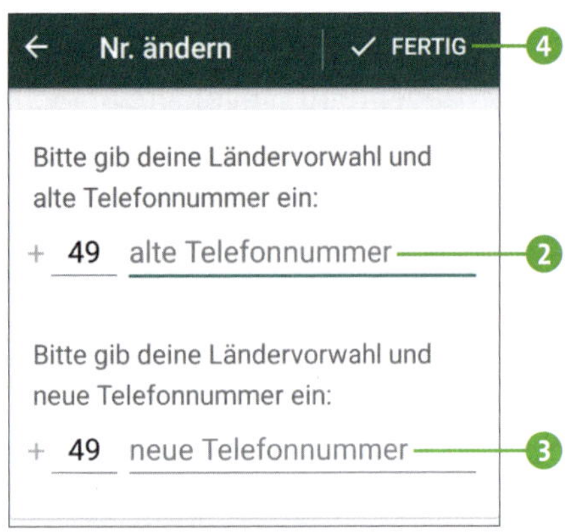

Wie diese Verifizierung erfolgt, können Sie noch einmal im Abschnitt »Der erste Start« ab Seite 11 nachlesen. Im folgenden Abschnitt, »Sicherheit in WhatsApp« ab Seite 117, lernen Sie noch eine weitere Methode, nämlich die Verifizierung in zwei Schritten, kennen.

Bitte denken Sie daran, Ihre Chatpartner über einen Nummernwechsel zu unterrichten. Es ist eine übliche Vorgehensweise von Mobilfunkanbietern, alte Telefonnummern nach geraumer Zeit zu recyceln, d. h. diese an einen anderen Mobilfunkteilnehmer zu vergeben.

Und was ist zu tun, wenn Sie eine neue Nummer **und** ein neues Smartphone bekommen?

1. Führen Sie zuerst den Nummernwechsel auf Ihrem alten Smartphone durch.
2. Entnehmen Sie die SIM-Karte, und legen Sie diese in das neue Smartphone ein.
3. Stellen Sie Ihr Backup wieder her, so wie im Abschnitt »Mit einer WhatsApp-Datensicherung auf ein neues Smartphone umziehen« ab Seite 114 beschrieben.

Sicherheit in WhatsApp

WhatsApp spricht davon, eine sog. *Ende-zu-Ende-Verschlüsselung* einzusetzen. Dies bedeutet, dass die Nachrichten nur von den jeweiligen Chatpartnern, nicht aber von WhatsApp gelesen werden können. Voraussetzung ist, dass alle Chatpartner die neueste WhatsApp-Version benutzen.

Innerhalb eines Chats weist WhatsApp gelegentlich auf die Verschlüsselung hin.

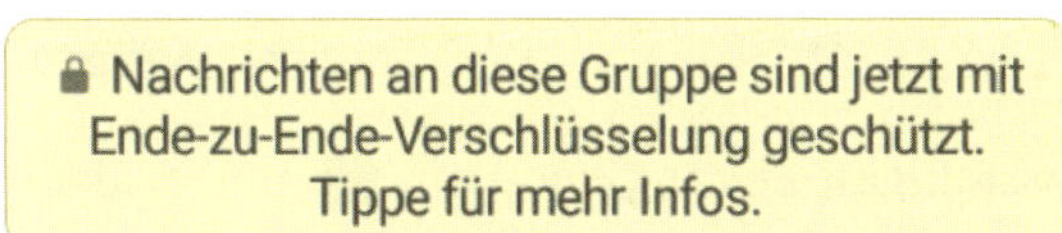

Mehr zu diesem Thema ist auf *https://www.whatsapp.com/security* zu finden.

Um zu verhindern, dass von einer SIM-Karte missbräuchlich Gebrauch gemacht wird, hat WhatsApp die *Zwei-Faktor-Authentifizierung* (2FA) eingeführt. Ist diese aktiviert, ist es nicht möglich, die »alte« SIM-Karte in ein neues Gerät zu stecken und WhatsApp auf diesem ohne Weiteres wiederherzustellen. Die 2FA ist allerdings standardmäßig nicht aktiv, sondern muss eingeschaltet werden.

1. Tippen Sie auf **Menü ▸ Einstellungen ▸ Account ▸ Verifizierung in zwei Schritten**.
2. **AKTIVIEREN** Sie im nächsten Bildschirm mithilfe der entsprechenden Schaltfläche ❶ die Verifizierung.

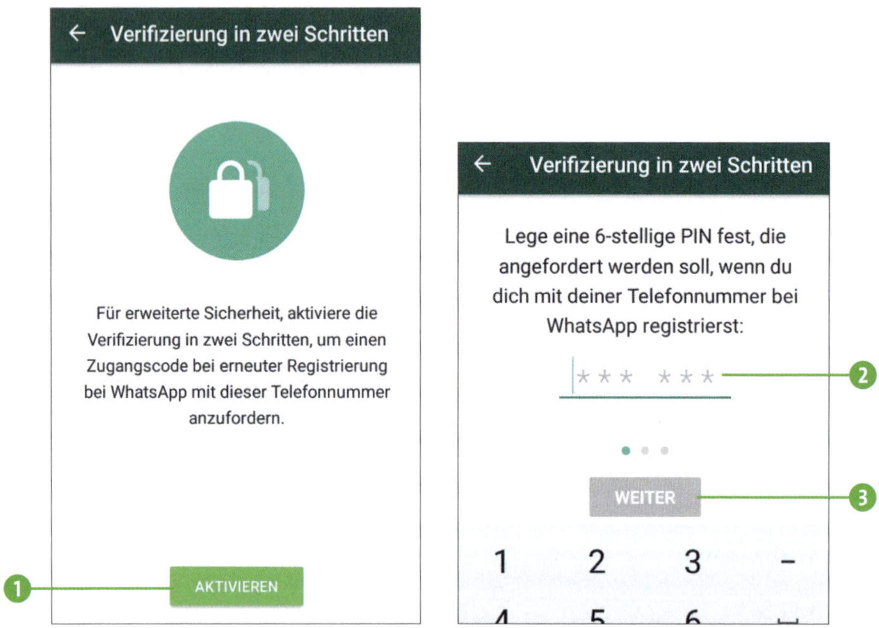

3. Geben Sie einen sechsstelligen Zugangscode ein ❷, und wiederholen Sie die Eingabe im nächsten Schritt. Tippen Sie hierfür auf **WEITER** ❸.

   Diesen Zugangscode sollten Sie sich gut merken oder zur Sicherheit sogar notieren.

4. Anschließend geben Sie eine E-Mail-Adresse ein ④. An diese wird Ihnen eine Wiederherstellungsanweisung gesandt, falls Sie Ihren Code doch einmal vergessen oder verlegt haben sollten. Die Eingabe der E-Mail-Adresse müssen Sie aus Sicherheitsgründen auch noch einmal wiederholen.

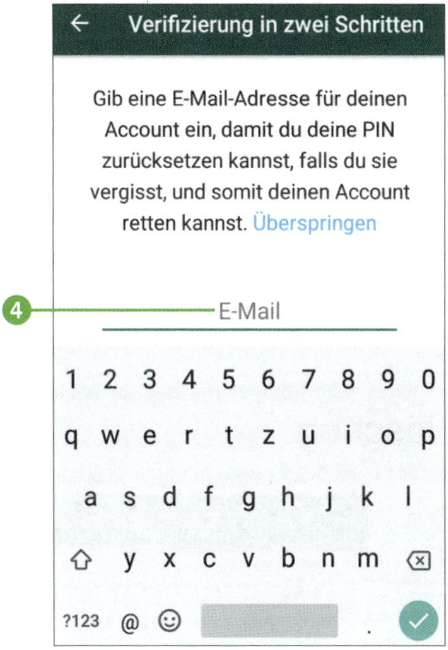

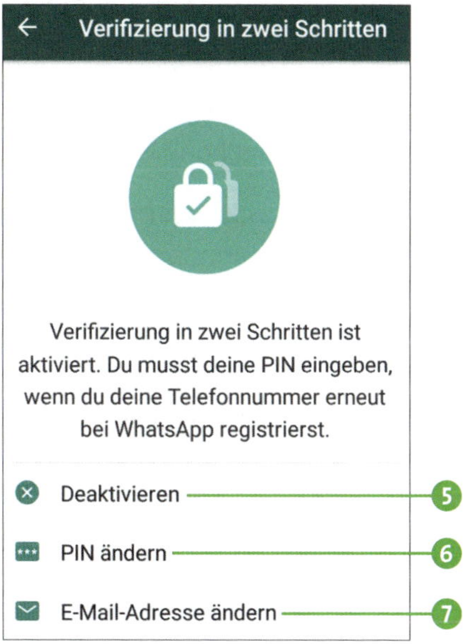

5. Tippen Sie im nächsten Bildschirm auf **FERTIG**.

6. Abschließend werden Sie darüber informiert, dass die Verifizierung aktiviert ist. Im selben Bildschirm ist es Ihnen möglich, die Verifizierung durch Antippen sogleich wieder zu **Deaktivieren** ⑤. Zudem können Sie die **PIN ändern** ⑥ bzw. eine neue E-Mail-Adresse eingeben ⑦.

Möchten Sie im Nachhinein die 2FA wieder deaktivieren bzw. den Zugangscode oder die E-Mail-Adresse ändern, tippen Sie wieder auf **Menü ▸ Einstellungen ▸ Account ▸ Verifizierung in zwei Schritten**. Eine Änderung ist nunmehr möglich.

WhatsApp up to date halten

Unabhängig davon, mit welchem Betriebssystem Ihr Smartphone ausgerüstet ist: Halten Sie Ihre Apps stets aktuell (hier sind sämtliche auf dem Smartphone befindlichen Apps gemeint und nicht nur WhatsApp). Entweder erfolgen die Aktualisierungen automatisch oder sie müssen manuell vorgenommen werden.

Bei einem Android-Smartphone ist z. B. immer voreingestellt: **Automatische App-Updates nur über WLAN zulassen**. Überprüfen Sie Ihr Gerät dahingehend, und verändern Sie ggf. die Einstellung.

Das Aktualisieren der Apps bringt Ihnen nicht nur die neuesten Features (Funktionalitäten) – Sie erhöhen hierdurch auch die Sicherheit und Stabilität des Systems.

Den WhatsApp-Account löschen

Zum Schluss dieses Kapitels zeigen wir Ihnen etwas, das Sie hoffentlich nie brauchen werden 😊:

1. Tippen Sie nacheinander auf **Menü ▸ Einstellungen ▸ Account ▸ Meinen Account löschen**.
2. Lesen Sie sich die Hinweise genau durch, und folgen Sie diesen.
3. Löschen Sie schließlich durch Antippen von **MEINEN ACCOUNT LÖSCHEN** Ihr WhatsApp-Konto.

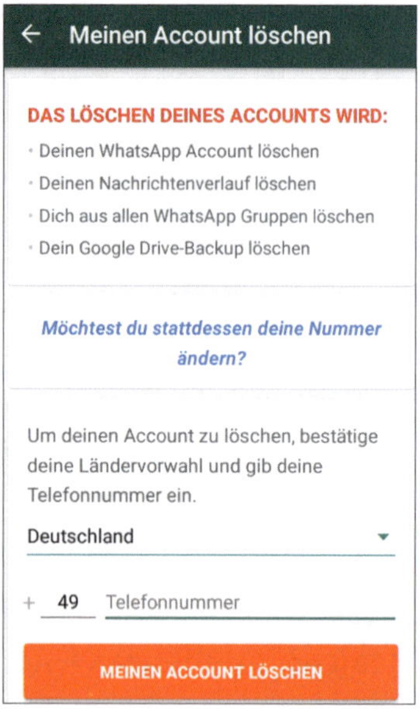

KAPITEL 7

WhatsApp Business – Chat zwischen Kunden und Unternehmen

Seit Februar 2018 ist die Installation von *WhatsApp Business* auf Android-Geräten (Smartphones und Tablets) möglich. WhatsApp Business ist in erster Linie für Kleinunternehmer, also Gewerbetreibende oder Freiberufler, gedacht, die den einfachen Weg des Dialogs mit ihrer Kundschaft suchen und auf Kommunikationswege wie E-Mail oder Telefon weitgehend verzichten wollen. Damit lässt sich der »Auftritt nach außen« recht unkompliziert gestalten.

Um als Kunde mit einem Unternehmen per WhatsApp zu kommunizieren, brauchen Sie nichts weiter als Ihr »normales« WhatsApp. Was es beim Austausch mit Unternehmen zu beachten gilt, lesen Sie im Abschnitt »Mit Unternehmen in Kontakt treten« ab Seite 128. Wer sich als Unternehmer mittels WhatsApp an Kunden wenden möchte, kann dazu die spezielle Business-App nutzen. Wie das funktioniert, lesen Sie in den beiden folgenden Abschnitten.

WhatsApp Business installieren und erste Einstellungen vornehmen

Die Installation von WhatsApp Business unterscheidet sich nicht von der Installation der regulären App, wie sie im Abschnitt »So installieren Sie WhatsApp auf dem Smartphone« auf Seite 10 beschrieben wurde. Nur Folgendes gilt es zu beachten: Möchten Sie als Unternehmer WhatsApp und WhatsApp Business auf ein und demselben Smartphone installieren, benötigen Sie dafür zwei unterschiedliche Rufnummern. Im Unterschied zu WhatsApp, das an die Mobilfunknummer desjenigen Smartphones gebunden ist, auf dem es installiert wurde, können Sie WhatsApp Business auch auf einem Android-Tablet installieren.

1. Installieren Sie **WhatsApp Business** aus dem *Google Play Store* ❶.
2. Geben Sie zur Verifizierung eine Telefonnummer an, die nicht mit der Mobilfunknummer identisch ist, über die Sie sich schon bei WhatsApp (privat) verifiziert haben. Bei dieser Telefonnummer darf es sich aber durchaus um eine Mobilfunknummer handeln. Darüber hinaus können Sie für WhatsApp Business – anders als bei Whats App – alternativ eine Festnetznummer nutzen ❷.

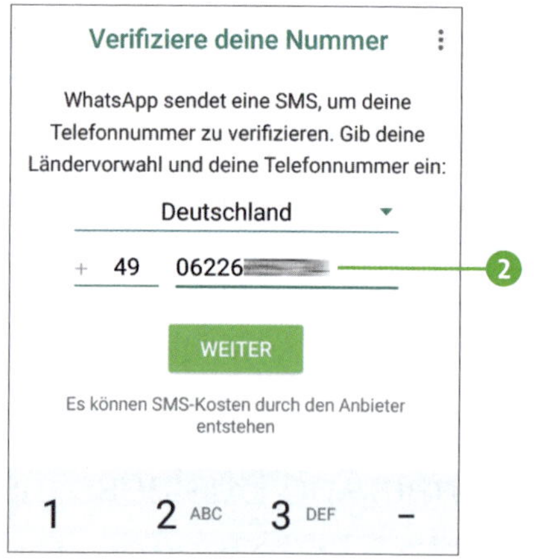

Verifizieren Sie sich über eine Festnetznummer (oder auch über eine Mobilfunknummer, die nicht auf der SIM-Karte des Smartphones hinterlegt ist), erhalten Sie anders als sonst üblich keinen Verifizierungscode per SMS. Gehen Sie hier folgendermaßen vor:

1. Warten Sie gemäß dem Hinweis auf dem Bildschirm ❶ ab, bis die angegebene Zeitspanne ❷, die WhatsApp wartet, bis ein Verifizierungscode eingegeben wurde, abgelaufen ist.

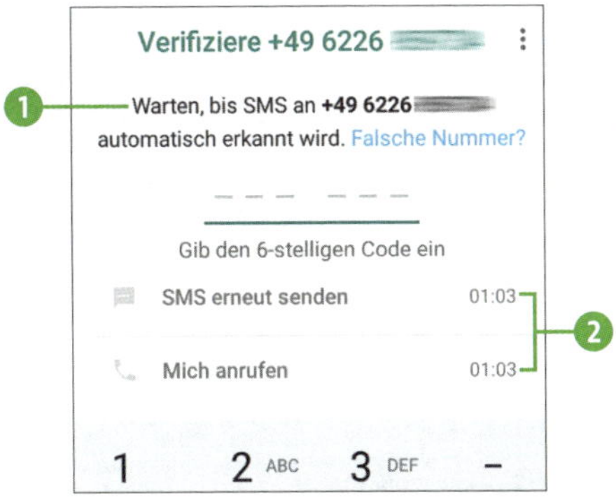

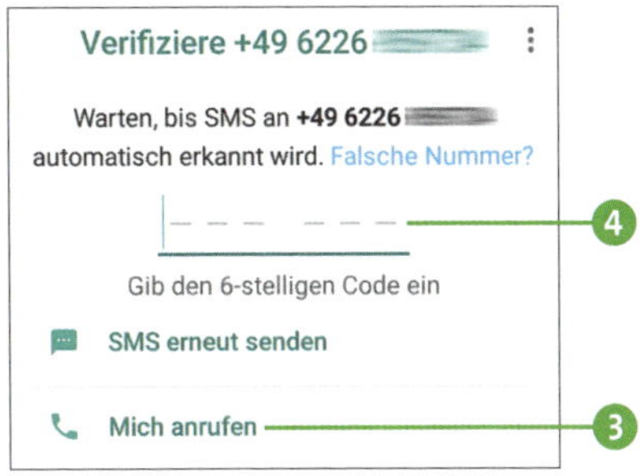

2. Ist die Zeit vollständig abgelaufen, tippen Sie auf **Mich anrufen** 3.
3. Sie erhalten nun einen Anruf auf die von Ihnen angegebene Nummer, und eine automatisierte Stimme teilt Ihnen den Verifizierungscode mit. Tragen Sie diesen in das dafür vorgesehene Feld 4 ein.

Nach der erfolgreichen Verifizierung haben Sie nun Gelegenheit, Ihre Unternehmensinfo anzulegen. Das funktioniert fast ganz genauso wie bei der WhatsApp-Profilinfo – mit einem entscheidenden Unterschied: Während sich das Profilbild auch beim Unternehmens-Account beliebig oft wechseln lässt, kann der von Ihnen eingegebene Unternehmensname im Nachhinein nicht mehr geändert werden. Sollten Sie dies dennoch versuchen, bekommen Sie sogleich einen entsprechenden Hinweis angezeigt.

Nach Erstellung der Unternehmensinfo tippen Sie auf **WEITER** 5 und bestätigen durch Tippen auf **OK** 6.

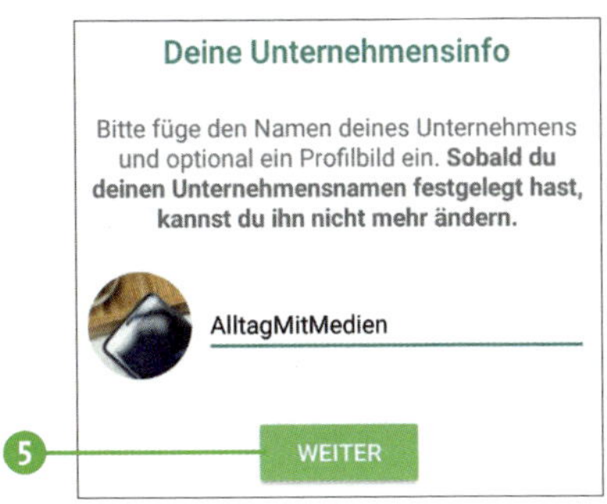

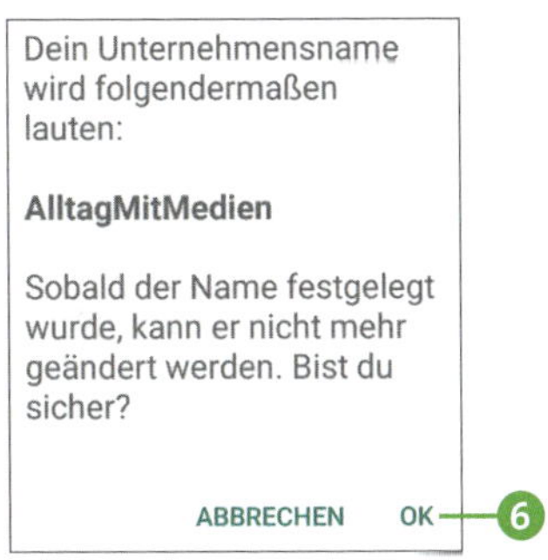

Zur Vervollständigung des Unternehmensprofils gehen Sie wie folgt vor:

1. Tippen Sie auf **Menü** ▸ **Einstellungen** ▸ **Unternehmenseinstellungen** ▸ **Profil**.
2. Geben Sie im folgenden Fenster in den entsprechenden Feldern Ihre Unternehmensadresse ❶, ggf. auch die Unternehmenskategorie ❷ sowie eine Beschreibung Ihrer Firma ❸, Ihre Geschäftszeiten ❹, eine E-Mail-Adresse ❺ und – sofern vorhanden – auch Ihre Homepage an. **SPEICHERN** ❻ Sie Ihre Angaben.

   Über das Stift-Symbol ❼ können Sie jederzeit Änderungen am Profil vornehmen – nur der Unternehmensname kann, wie gesagt, nicht mehr verändert werden.

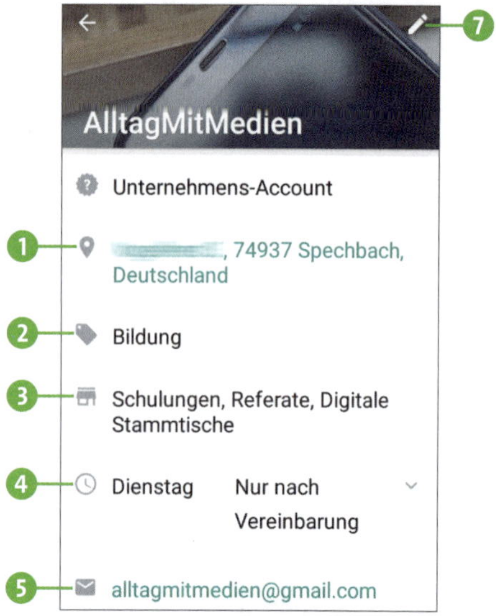

Achtung: Zum Zeitpunkt der Drucklegung dieses Buches ist WhatsApp Business noch kostenfrei. Das mag sich aber ggf. noch ändern.

Mit Kunden in Kontakt treten

Bei WhatsApp Business gelten die gleichen Voraussetzungen für die Kontaktaufnahme wie bei WhatsApp:

- Der jeweilige Kunde sollte WhatsApp auf seinem Smartphone installiert haben. (WhatsApp Business muss dagegen beim Kunden nicht installiert sein.)

- Sie haben die Mobilfunknummer Ihres Kunden in Ihrer Kontakte-App hinterlegt.
- Sie sind idealerweise online, damit Ihre Chats auch sofort versendet werden.

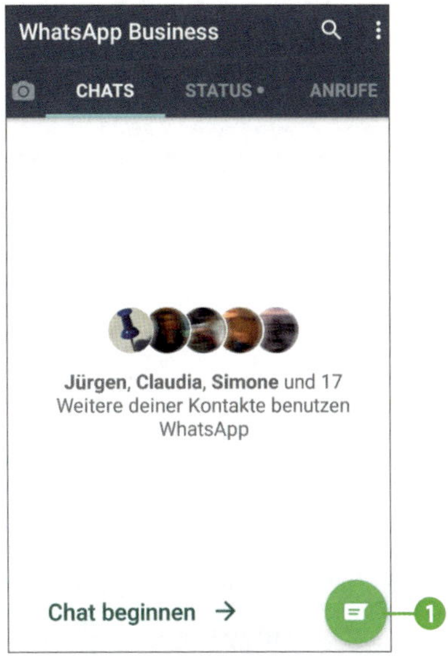

Einen Chat beginnen Sie auch hier im **CHATS**-Fenster: Tippen Sie auf das Symbol **Neuer Chat** ①, und wählen Sie durch Antippen denjenigen Kontakt aus, dem Sie Ihre Chatnachricht zukommen lassen möchten.

WhatsApp Business bietet Ihnen nun alle Möglichkeiten der Kommunikation, Standortfreigabe, Sprach- und Videotelefonie sowie Einstellungen und Informationsabfragen, Gruppenchats, Broadcast-Listen, wie Sie es in diesem Buch kennengelernt haben. Mithilfe der Broadcast-Listen ist es möglich, Ihre Nachricht gleich an mehrere Kunden auf einmal zu senden.

Kundenanfragen, die »in die gleiche Richtung« gehen, können Sie in WhatsApp Business durch sog. *Schnellantworten* automatisieren:

1. Tippen Sie auf **Menü ▸ Einstellungen ▸ Unternehmenseinstellungen ▸ Schnellantworten**.
2. Die Schnellantwort **/Danke** ① steht bereits zur Verfügung. Tippen Sie auf das Pluszeichen ②, um eine neue Schnellantwort zu erstellen.

3. Geben Sie Ihren Nachrichtentext in das vorgesehene Eingabefeld 3 ein, und fügen Sie dieser Nachricht ein für Sie eindeutiges Kürzel 4 hinzu (der Schrägstrich wird automatisch gesetzt).

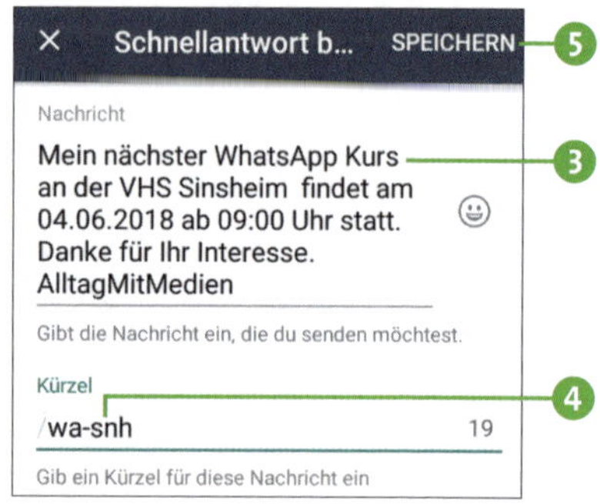

4. **SPEICHERN** 5 Sie Ihre Schnellantwort.
5. Diese und weitere von Ihnen erstellte Schnellantworten finden Sie nun zur Auswahl in der Übersicht (6 auf Seite 125).

So z. B. nutzen Sie eine Schnellantwort beim Chatten:

1. Sie erhalten eine Anfrage.
2. Geben Sie in das Eingabefeld einen Schrägstrich 1 ein. Sofort wird Ihnen die Auswahl der hinterlegten Schnellantworten darüber angezeigt.

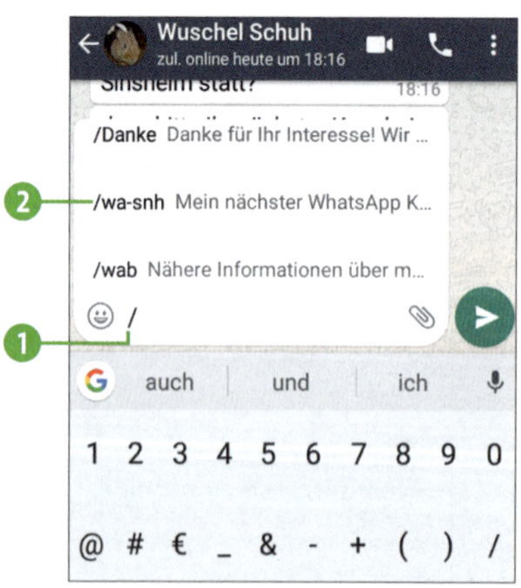

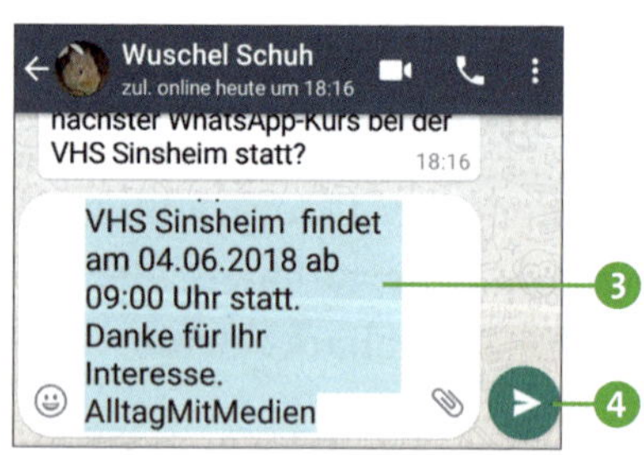

3. Tippen Sie auf die passende Antwort 2, wird diese auch schon im Eingabefeld des betreffenden Chats 3 übernommen.

4. Entweder bearbeiten Sie die Nachricht anschließend noch, oder Sie versenden sie durch Tippen auf das Senden-Symbol ④.

Schnellantworten können selbstverständlich auch Hinweise auf Internetadressen sowie Medien enthalten und lassen sich natürlich auch wieder löschen, nachdem Sie diese markiert haben.

Besonders praktisch ist die Möglichkeit, mit WhatsApp Business eine Abwesenheitsnotiz zu versenden:

1. Tippen Sie auf **Menü** ▸ **Einstellungen** ▸ **Unternehmenseinstellungen** ▸ **Abwesenheitsnotiz**, und aktivieren Sie die Funktion durch Antippen des Schalters ①.
2. Durch Tippen auf das Stift-Symbol ② ändern Sie den hier bereits vorgegebenen Nachrichtentext.
3. Sind Sie fertig, tippen Sie auf **OK**.
4. Legen Sie nun durch Antippen der Rubrik **Zeitplan** ③ fest, zu welchen Gelegenheiten Sie die Abwesenheitsnotiz versenden möchten.
5. Wählen Sie hier **Eigener Zeitplan** ④, können Sie einen bestimmten Zeitraum festlegen ⑤.
6. Tippen Sie auf **SPEICHERN** ⑥.

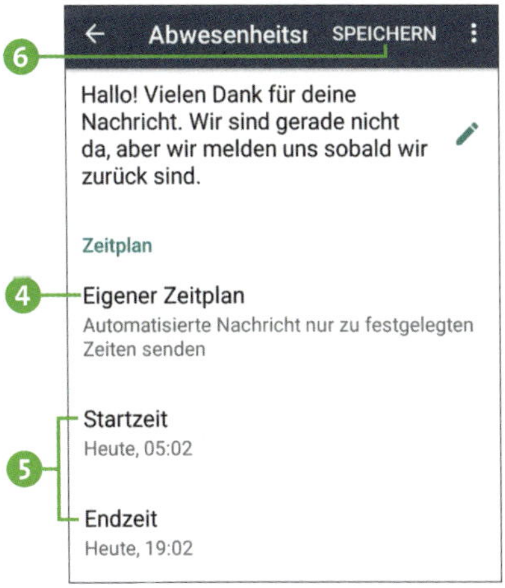

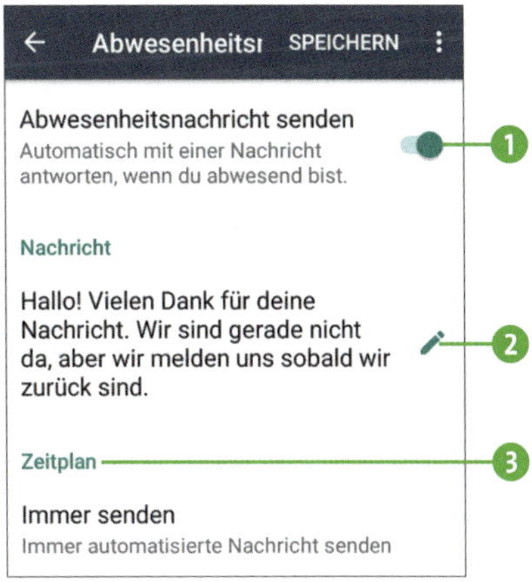

WhatsApp Business hält noch viele weitere nützliche Funktionen in den Einstellungen für Sie bereit. So können Sie hier etwa eine automatische *Begrüßungsnachricht* einrichten oder eine *Statistik* Ihrer Kundenchats abrufen. Im Menü des **CHATS**-Fensters bringen Sie mit eigenen und vorgefertigten *Labels* wie **Neuer Kunde**, **Neue Bestellung** oder auch **Zahlung ausstehend** Ordnung in Ihren Kundenstamm, indem Sie die Labels den einzelnen Chats nach Markieren jeweils zuordnen.

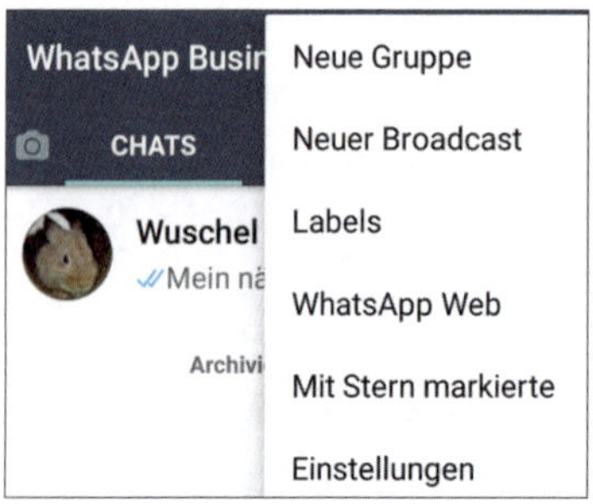

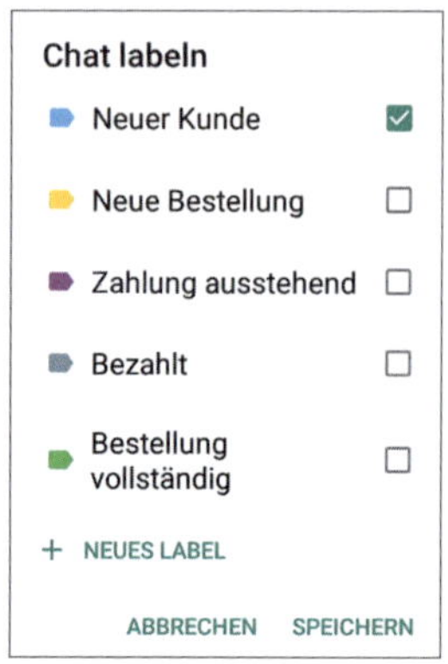

Mit Unternehmen in Kontakt treten

Wenn Sie als Kunde ein Unternehmen per WhatsApp kontaktieren möchten oder das Unternehmen, dem Sie Ihre Mobilfunknummer mitgeteilt haben (das kann z. B. Ihr Stammbäcker oder Ihre Kfz-Werkstatt sein), Sie per WhatsApp Business als Kunde kontaktiert, dann ändert sich für Sie im Grunde fast nichts: Sie verwenden einfach Ihr WhatsApp so, wie Sie es in diesem Buch gelernt haben.

Haben Sie den Kontakt noch nicht namentlich auf Ihrem Smartphone gespeichert, sehen Sie wie üblich nur die Telefonnummer, dabei ggf. aber auch statt einer Mobilfunk- eine Festnetznummer, was ein erstes Indiz dafür ist, dass Sie von einem Unternehmen kontaktiert werden. Zudem macht WhatsApp Sie im Chat darauf aufmerksam, dass es sich womöglich um einen Unternehmens-Account handelt 1.

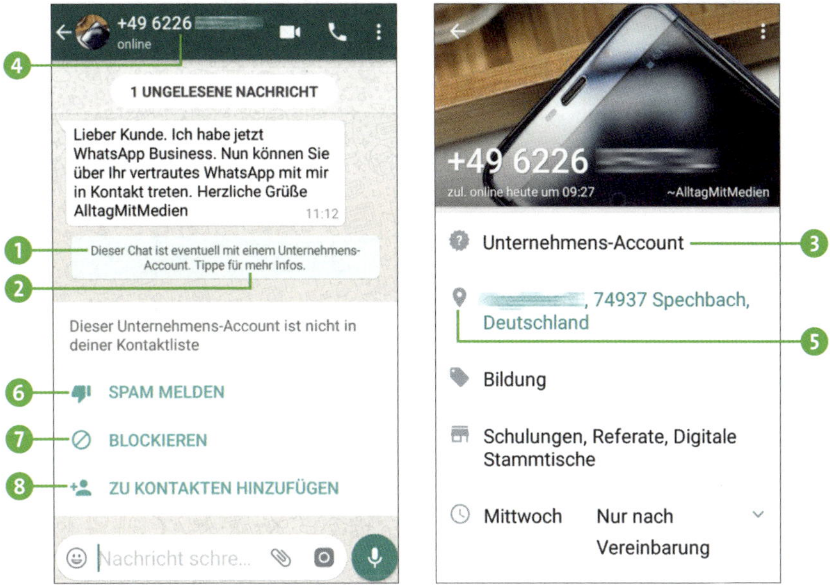

Um mehr zu erfahren, tippen Sie **Tippe für mehr Infos** ❷ an. Sie gelangen zur WhatsApp-Business-Infoseite mit Informationen darüber, welche Art von Account die Firma benutzt. Bislang wird unterschieden zwischen **Verifiziert**, **Bestätigt** oder **Unternehmens-Account** ❸. Allerdings scheint es bis dato (April 2018) so zu sein, dass WhatsApp Business keine Verifizierungen vornimmt. Somit hat der Kunde bislang keine Garantie, dass hinter einem WhatsApp-Business-Account auch wirklich das genannte Unternehmen steckt.

Um mehr zu erfahren, drücken Sie etwas länger auf die Telefonnummer im Aktionsbalken ❹. Dadurch haben Sie wiederum Zugriff auf das Profil, das der Unternehmer selbst erstellt hat. Tippen Sie auf eine dort angezeigte Adresse ❺, können Sie per App dorthin navigieren.

Zurück im Ausgangschat können Sie das Unternehmen als **SPAM MELDEN** ❻, **BLOCKIEREN** ❼ oder **ZU KONTAKTEN HINZUFÜGEN** ❽. Bei Letzterem können Sie mit dem Unternehmen chatten, telefonieren (auch per Video) und alle sonstigen Möglichkeiten ausschöpfen, welche Ihnen WhatsApp bietet.

Stichwortverzeichnis

H

I

K

L

M

N

O

P

R

S

Z